「やる気」と「意欲」を引き出す授業のつくり方

エンゲージメント×英語授業

ENGAGEMENT IN ENGLISH CLASSES

廣森友人・小金丸倫隆 編著
俣野知里・胡子美由紀・髙木俊輔 著

はじめに　　なぜ，エンゲージメントか？【WHY】

　私たち英語教師は日々，児童生徒のやる気（モチベーション）を引き出すことに苦心しています。巷には，児童生徒のやる気に関する書籍があふれ，職員室の会話でも児童生徒のやる気が話題になることは少なくありません。学会や研究会でも，児童生徒のやる気は頻繁に取り上げられるトピックです。

やる気の問題は改善したのか？

　では，学校における児童生徒のやる気の問題は改善されてきたのでしょうか？　文部科学省が平成19年度（2007年度）から実施している「全国学力・学習状況調査」の結果を見ると，「授業では，課題の解決に向けて，自分で考え，自分から取り組んでいましたか」との質問に対して，例年，小中学校の児童生徒の約20％以上が「当てはまらない」「どちらかといえば，当てはまらない」といった否定的な回答をしています。

　コロナ禍を経て，この傾向はさらに悪化している様子が伺えます。「子どもの生活と学びに関する親子調査2021」（東京大学社会科学研究所・ベネッセ教育総合研究所，2024）では，2019年から2021年の3年間にわたって，小中高生の生活と学び，それを取り巻く環境の変化について調査しています。その結果，「勉強しようという気持ちがわかない」といった質問に対して，「とても当てはまる」「まあ当てはまる」といった肯定的な回答をした児童生徒は継続的に増加し，2021年にはその割合が50％を超えていました（2019年：45.1％，2020年：50.7％，2021年：54.3％）。さらに同じ児童生徒の変化に注目すると，対象となった3年間で学習意欲が向上した「意欲向上群」は11.2％だったのに対して，低下した「意欲低下群」は25.8％であったことが報告されています。

　これらのデータからは，学校教育における児童生徒のやる気の問題は，改善を見せているどころか，むしろ悪化の一途をたどっている可能性があります。したがって，この問題は私たちが直面しているかなり深刻で，解決を求

められる喫緊の課題だといえます。

やる気と行動をつなぐ新しい概念：エンゲージメント

こうした状況を背景に，近年，「エンゲージメント」（engagement）と呼ばれる概念が国内外で注目を浴びています。エンゲージメントは，やる気と行動をつなぐ新しい動機づけ概念として，学校教育だけでなく，ビジネス（顧客（従業員）エンゲージメント）や医療（患者エンゲージメント）など，幅広い場面で活用されています。

教育の場でエンゲージメントが着目される理由は，児童生徒のエンゲージメントが学習成果や学業成績，さらには生涯学習への意欲にも影響を及ぼすと考えられているからです（Reschly ＆ Christenson, 2022）。エンゲージメントは，単に児童生徒のやる気を引き出す（高める）だけでなく，そのやる気が具体的な行動に結びつくプロセスを理解しようとする試みであり，実践的なアプローチを提供します。

さらに，エンゲージメントは行動，認知，感情，社会といった多様な側面から児童生徒の学びを捉えるため，教師は一人ひとりの学びの実態をより深く理解することができます。これにより，教師は児童生徒の個性やニーズに対応した教育方法を提供し，彼らが自らの学びにエンゲージするのを支援するための重要な基盤を形成することができます。

やる気という概念はやや抽象的な響きがありますが，エンゲージメントは児童生徒がやる気になった姿を具体的に捉えることを可能にします。これは教師にとっても直感的に理解しやすい概念です。本書では，「児童生徒をどのように英語学習にエンゲージさせるか」「そのために何ができるか」に関して，豊富な具体例を紹介します。これにより，教師は彼らのやる気と行動をより効果的につなげるためのコツとヒントを得ることができるはずです。

2024年8月

廣森友人

Contents

はじめに：なぜ，エンゲージメントか？【WHY】　2

Chapter **1**

英語学習のエンゲージメントとは？　7

1. エンゲージメントとは何か？【WHAT】　8
2. 行動的エンゲージメント　10
3. 認知的エンゲージメント　12
4. 感情的エンゲージメント　14
5. 社会的エンゲージメント　16
6. エンゲージメントをどう引き出すか？【HOW】　18
7. エンゲージメントの土台をつくる　20
8. エンゲージメントを喚起する　22
9. エンゲージメントを維持する　24
10. エンゲージメントの階層性　26

Chapter **2**

エンゲージメントの土台をつくる指導アイデア　29

1. 成長マインドセットへの支援をする　30
2. 教師が言語使用者のロールモデルとなる　32
3. 児童生徒と良質な関係性を構築する　34
4. 児童生徒の集団意識を高める　36
5. 心理的距離を縮める仕掛けをつくる　38
6. 教室内外でポジティブな声かけをする　40
7. 心理的に安全な学習環境を整える　42

8. エラーを歓迎する雰囲気をつくる　44

9. 確かな成功体験を蓄積し有能感を高める　46

10. 教師が熱中する　48

Chapter **3**
エンゲージメントを喚起する指導アイデア　51

1. 児童生徒に合わせて活動をデザインする　52

2. Visual Aid や Tangible なものを活用する　54

3. 児童生徒の知的好奇心を高める　56

4. Authentic Material / Realia を活用する　58

5. 題材との自己関連性を認識させる　60

6. 題材のフレームワークに入り込ませる　62

7. 児童生徒の英語学習動機や学習観を意識する　64

8. エンゲージングな教室を五感で演出する　66

9. タスクの「つかみ」を重視し，児童生徒の参加を促す　68

10. 児童生徒を学習の主人公にする　70

Chapter **4**
エンゲージメントを維持する指導アイデア　73

1. ゲームの要素を取り入れる　74

2. 関心を引きつけ，興味を喚起する　76

3. 帯活動（見通し・Baby step）を実施する　78

4. ゴールと評価規準を明確化する（バックワード・デザイン）　80

5. フィードバックや中間評価を活用する　82

6. 「渇き」を感じるトレーニングを組み立てる　84

7. 児童生徒が自分で乗り越えられる仕組みをつくる　86

8. 自分の意見を言う場をつくる　88

9. 児童生徒に適度な認知負荷を与える　90

10. 解答がない Argumentative な問いを設定する　92

Chapter **5**

エンゲージメントを高める授業アイデア　95

1. 小学校3年　話すこと［やり取り］　96
「いくつかな？クイズ」を楽しもう

2. 小学校6年　話すこと［やり取り］　100
夏休みにしたいことを伝え合おう

3. 中学校1年　話すこと［発表］　104
Origami

4. 中学校2年　書くこと　108
Castles and Canyons

5. 中学校3年　話すこと［発表］　112
Be an actor!

6. 中学校3年　書くこと・話すこと［発表］　116
Understanding Global Problems

7. 高校1年（論理・表現Ⅰ）　話すこと［発表］　120
Let's Design a T-shirt!

8. 高校3年（英語コミュニケーションⅢ）　読むこと　124
Analyzing Entrance Examinations

おわりに　128
引用文献　130
著者紹介　134

Chapter 1

英語学習の
エンゲージメント
とは？

1．エンゲージメントとは何か？【WHAT】

　エンゲージメントには様々な定義が存在しますが，その中核的な意味は「熱中・集中・夢中」です。例えば，英語の授業で児童生徒が目の前の活動に対して，意欲的に取り組んでいる様子を思い描いてみてください。その時の児童生徒たちは，行動に熱中し，意識を集中させ，夢中になっているはずです。このような状態こそが，まさにエンゲージメントの象徴です。

エンゲージメントとモチベーション

　エンゲージメントと密接に関連する概念として，モチベーションが挙げられます。モチベーションは個人が特定の行動を起こす欲求や意志を指す一方で，エンゲージメントはその個人が当該の行動にどれだけ精力的に関与し，それに没頭しているかを示します。つまり，モチベーションは「なぜ」私たちが行動するかを説明し，エンゲージメントは「どの程度」私たちがその行動に関与しているかを表現します。モチベーションが高い人が必ずしもエンゲージメントが高いわけではなく，その逆も同様です。しかし，これら二つは通常，相互に影響を及ぼす関係にあり，一般的にモチベーションが高いとエンゲージメントも高くなりやすいとされています。

エンゲージメントと非エンゲージメント

　エンゲージメントには，主として３つの側面があります。具体的には，①行動的エンゲージメント（活動への積極的参加や粘り強い取り組み），②認知的エンゲージメント（課題の解決に向けた方略的な取り組み），③感情的エンゲージメント（興味や楽しさといったポジティブな感情を伴った取り組み）です。これらはそれぞれ「熱中・集中・夢中」に対応しています。

表1は，エンゲージメントの各側面が活性化した状態とそうでない状態（非エンゲージメント）の特徴を比較したものです。

	エンゲージメント	非エンゲージメント
行動的側面	行動を始める 努力する 持続的に取り組む	先延ばししようとする 諦める 不注意になる
認知的側面	目的を持っている 方略を選択する チャレンジを求める	無目的である 気が進まないでいる 回避的である
感情的側面	興味を示している 楽しんでいる 満足している	興味がない 不満である 悲しんでいる

表1：エンゲージメントと非エンゲージメント（Skinner et al., 2009をもとに作成）

　学習者のエンゲージメントは基本的に，上記3側面から捉えられることが多いです。しかし，特に他者とのやり取りといった社会的側面が重視される英語授業では，第4の側面ともいえる，④社会的エンゲージメントもまた重要な役割を果たします。そこで，以下の各節ではエンゲージメントを構成するこれら4つの側面について，順に詳しく見ていきます。

　なお，エンゲージメントについて考える時，各側面を包括的に捉えることが重要です。教師は時々，児童生徒の活発な行動を見て，「あの子はやる気があるな」「モチベーションが高いな」と判断することがあるかもしれません。しかし実際には，ただおしゃべりをしていたり，相手との関係だけを気にしていたりといったこともあるものです（Hiromori, 2021）。児童生徒の学習への取り組みを判断する際には，観察しやすい行動だけでなく，認知，感情など内面的な部分も考慮し，統合的に評価することが大切です。

2. 行動的エンゲージメント

　行動的エンゲージメントとは，児童生徒が学習活動にどれだけ積極的に参加し，関与しているかを示します。これは授業への出席，課題に対する取り組み時間，ペアやグループワークにおける発言の頻度，宿題の提出など，児童生徒の具体的な行動を通じて評価されます。重要な点として，活動に取り組んでいる時，児童生徒はその課題に没頭しているため，自分が「努力」をしている感覚は持っていません。このような状態こそが，真の行動的エンゲージメントを反映しています。

行動的エンゲージメントを促進する実践例

(1) ゴールと評価規準を明確化する（バックワード・デザイン）

（詳細は Ch.4-4参照）

　ゴールの明確化は，児童生徒が自らの学習目標をしっかりと理解し，それに向かって具体的な行動を起こすよう促します。また，ルーブリックなどの評価基準を事前に示すことで，児童生徒は教師が求めることを正確に把握することができます。これにより，児童生徒は授業や課題に対する取り組み方を適切に調整し，学習行動へとつなげやすくなります。

(2) 心理的距離を縮める仕掛けをつくる　　　　（詳細は Ch.2-5参照）

　ペアやグループを活用した学習を通じて，児童生徒は互いに助け合い，支え合う関係を構築できます。このような環境においては，仲間とのつながりが強化され，授業や活動への積極的な参加意欲が高まります。また，ペアやグループでの学習を通じて，児童生徒は自分が担う役割を実感し，学習に対する責任感が増すことで，行動的エンゲージメントが強化されます。

⑶ ゲームの要素を取り入れる　　　　　　　　　　　（詳細は Ch.4-1参照）

　ゲームの要素を取り入れることは，学習への動機づけを高め，目標達成に向けた行動を促し，即時的なフィードバックによって学習の効果を高めます。また，競争や協力を通じて児童生徒同士の関わりを深め，学習の継続性と持続性を支えます。これらはすべて，児童生徒が授業に積極的に関与し，行動的エンゲージメントを高める上で重要な要素となります。オンラインクイズ（Quizlet や Kahoot! など）やオンライン共有プラットフォーム（Google ドキュメントや Microsoft Teams など）のテクノロジー活用は，彼らの学習活動への参加を促すだけでなく，新たな技術を学ぶ機会も提供します。

教師の役割

　教師は児童生徒が行動的エンゲージメントを持つために重要な役割を果たします。例えば，具体的でタイムリーな「今，ここでの」（here and now）フィードバックを提供することで，彼らは自分の行動を見直し，学習目標に向かって進んでいるかを確認できます。また，小さな成功を積み重ねる機会を与えることで，児童生徒の「もう一度やってみよう」という気持ちを引き出すことができます。私たちは自分にとって難しいと思われることを避けがちですが，最初は難しく思える課題でも，長期的に取り組むこと（行動的にエンゲージすること）で，思いのほか，達成できることが多いのです。

＼＼ エンゲージメント研究紹介 ／／　行動的エンゲージメントと学習成果

　Wong et al.（2024）はメタ分析（複数の研究成果を要約・統合する統計的な手続き）を用いて，エンゲージメントの3側面（行動的／認知的／感情的エンゲージメント）と学習成果の関連を調べた137の研究（計158，510名を対象）を分析しました。その結果，行動的エンゲージメントは学習成果と最も強い相関（$r=.39$）があったことを報告しています（認知は $r=.31$，感情は $r=.26$）。3側面のなかでも，とりわけ行動的エンゲージメントは，学習の成果を直接的に予測する重要な要因だということです。

3. 認知的エンゲージメント

　認知的エンゲージメントとは，課題の解決に向けて，児童生徒がどれだけ思考を働かせているか（言い換えれば，どれだけ「頭」を使っているか）を示す指標です。認知的エンゲージメントが高い児童生徒は，課題に取り組む前に計画を立てたり，わからない単語や表現について質問したり，課題の出来栄えを評価したりするなど，学習方略を積極的に用います。重要なのは，ただ闇雲に活動に取り組むのでなく，思考を働かせ，認知的に深くエンゲージすることです。

認知的エンゲージメントを促進する実践例

⑴ Authentic Material / Realia を活用する　　　（詳細は Ch.3-4参照）
　新しい内容や題材を導入する際に，実際の生活で使用される素材（パンフレット，広告，レシピ，音楽など）を利用することで，児童生徒は学習内容が現実の世界とどのように関連しているかを理解し，学習により深く没頭することができます。また，Authentic な教材を使用した活動では，児童生徒は単に言語を学ぶだけでなく，その内容について深く考え，分析し，議論することが求められます。これにより，批判的思考力や問題解決能力が養われ，児童生徒の認知的プロセスが深まります。

⑵ 児童生徒の英語学習動機や学習観を意識する　　　（詳細は Ch.3-7参照）
　児童生徒一人ひとりが持つ学習動機（内発的動機づけや外発的動機づけなど）や学習観（個々が学習に対してどのように感じているか）を理解し，それに基づいて授業を展開することが重要です。例えば，児童生徒の興味関心に合わせたトピックの選択，個別の学習目標の設定などが効果的です。この

ように，児童生徒の学習動機や学習観に合わせた指導を行うことは，単に認知的エンゲージメントを促進するだけでなく，後述する感情的エンゲージメントを高める要因となります。

⑶ 自分の意見を言う場をつくる　　　　　　　　　　　（詳細は Ch.4-8参照）

　ディスカッション，ディベート，プレゼンテーションなど，児童生徒が自分の意見を持ち，それを表現する機会を設けることは，学習の過程において非常に重要です。自分の考えを自由に発表できる環境をつくることは，彼らにとって自身の考えが重要で価値あるものだと認識させる手助けになります。このような自己表現の機会は，学習に対する熱意や責任感を生み出し，彼らの認知的エンゲージメントを高める効果があります。さらに，他の児童生徒の意見を聞くことにより，多様な視点に触れる機会が得られ，自身の考え方や価値観を再評価するきっかけになります。このような経験は，児童生徒の思考を広げ，新たな視座から物事を見る能力を育てます。

教師の役割

　教師は，児童生徒の学びに対する関心を引き出し，認知的な深みをもたらすために，多角的な役割を担います。その一つが，彼らが自由に意見を述べ，リスクを恐れずに挑戦し，失敗から学ぶことができるような，安全で支持的な学習環境の構築です。また，教師は児童生徒一人ひとりの能力に合わせて挑戦的な学習活動を提供し，彼らの思考を刺激することが求められます。これには，高度な思考力を必要とする問題解決タスクや批判的思考を促すディスカッションが含まれます（詳細は Ch.4-9，10参照）。さらに，教師自身が学習への情熱と好奇心を持っていれば，児童生徒もそれを見習い，学びに対する興味を深めるようになります。

　教師がこれらの役割を果たすことで，児童生徒はより積極的に学習に取り組み，認知的な深みに没頭することができるようになります。

Chapter 1　英語学習のエンゲージメントとは？　13

4. 感情的エンゲージメント

　感情的エンゲージメントは，児童生徒が学習にどれだけ楽しさや興味，幸福感を感じているかを見るバロメーターのようなものです。英語の授業において，この感情的エンゲージメントを育むことは非常に大切です。その理由は，児童生徒が言語に対して深い興味を持ち，積極的にコミュニケーションを図る機会を求めるようになるからです。言い換えれば，授業中に彼らがポジティブな感情を持つことができれば，それに伴ってモチベーションが上がり，学習に対する夢中度も高まることが期待できます。

感情的エンゲージメントを促進する実践例

(1) 成長マインドセットへの支援をする　　　　　　（詳細は Ch.2-1参照）

　成長マインドセットとは，スキルや能力は固定されたものではなく，努力や学習を通じて成長するという信念です。このマインドセットを持つ児童生徒は，新しい挑戦や困難な課題に対しても積極的に取り組む傾向があります。成長マインドセットを身につけるためには，成功だけでなく努力自体を評価し，学習の結果ではなくプロセスに重点を置く指導が必要です。教師が成長マインドセットを示すことで，児童生徒も同じ考えを持つようになります。

(2) エラーを歓迎する雰囲気をつくる　　　　　　（詳細は Ch.2-8参照）

　言語習得において，エラー（誤り）はつきものです。私たちが母語や第二言語を習得する際，そのプロセスは図1に示すように3つの段階を経てU字型に発達します（廣森，2023）。ここから明らかなことは，言語習得（特に第2段階）ではエラーは不可欠であること，したがって，エラーを恐れずに積極的に言語を使ってみることが大切だということです。

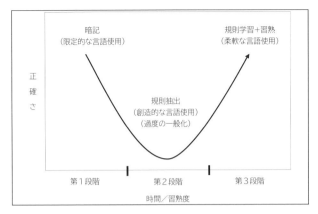

図1：U字型発達曲線（廣森，2023，p. 66をもとに作成）

　一方，日本の教室では，児童生徒はしばしばエラーを避けるべき，恥ずかしいものと捉えがちです。このため，児童生徒がエラーを恐れずに新しい挑戦や自由な意見表現を行えるような環境をつくることは，感情的エンゲージメントを高める上で大きな役割を果たします。

(3) 関心を引きつけ，興味を喚起する　　　　　　　（詳細はCh.4-2参照）

　児童生徒の関心や興味を引きつけることで，彼らの学習に対する感情的な関与が高まります。例えば，流行りの英語の歌詞や児童生徒自身の将来の夢に関連する活動を授業に取り入れることで，彼らの興味や感情的な結びつきを深めることができます。児童生徒が授業内容に興味を持ち，感情的にも関わるようになると，より積極的な学習へと導かれます。

教師の役割

　教師は，児童生徒が学習に対してポジティブな感情を持ち，積極的に活動に取り組むようサポートすることが求められます。教師は児童生徒のリアルタイムな感情の変化を敏感に捉え，それに適切に対応することで，彼らの不安やストレスを和らげ，学習経験を豊かなものにすることができます。

5. 社会的エンゲージメント

　社会的エンゲージメントに注目すると，授業内で児童生徒同士の関係や，ペアやグループでの活動への意欲的な参加がどれだけ大切かがわかります。学習指導要領でペアワークについて繰り返し触れているのは，外国語（英語）科だけです。これは英語授業では，コミュニケーション能力や協働スキルが特に重要視されていることを物語っています。児童生徒が社会的にエンゲージすることを促すことで，彼らは言語を実際のコミュニケーションの道具として使う機会を増やすことができます。

社会的エンゲージメントを促進する実践例

(1) 児童生徒と良質な関係性を構築する　　　　　（詳細は Ch.2-3参照）

　教師と児童生徒，さらには児童生徒同士の間に良好な関係性があると，彼らは安心して学習に取り組めます。このような環境は，社会的エンゲージメントの基盤となります。教師は授業時間内だけでなく，朝の時間，休憩時間，放課後といった授業外の時間も利用して，児童生徒へ積極的に関わり，信頼を築くことが重要です。まさに，"Teaching is all about relationships."（Bolen, 2022, p. 8）です。

(2) 児童生徒の集団意識を高める　　　　　　　　（詳細は Ch.2-4参照）

　集団意識が高まると，児童生徒は授業や学校の活動に積極的に参加するようになります。この意識を高めるには，クラスやグループの結束力が非常に大切です。結束力があると，児童生徒は互いに協力し合い，共通の目標達成に向けて一丸となり，学校生活を積極的に楽しむことができます。英語の授業だけでなく，クラス全体やグループで共通の目標やルールを設定し，それ

を達成する協力を促すことで、クラスの一体感を強めることが可能です。

教師の役割

社会的エンゲージメントは、児童生徒が他人との交流を通じて学びを深める上で重要な要素です。教師がクラスでの共同体の意識を醸成し、ペアやグループワーク、協同学習の機会を積極的に提供することにより、児童生徒の社会的な関わりを促進することができます。このアプローチは、最終的に学習の成果を高めることにつながります。

\\\エンゲージメント研究紹介// ペアワークにおけるやり取りのパターン

社会的エンゲージメントでは、児童生徒同士がどのように協力し、互いに学び合うかが重要です。この点に注目し、Storch（2002）はペアワークにおける児童生徒間のやり取りを「対等な関係性」と「互恵性」を軸に4つのパターンに分類しています。

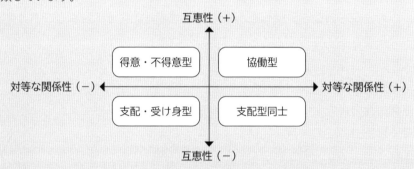

この中で、「協働型」パターンでは児童生徒が互いの意見を尊重し、共に問題解決を図る傾向があります。教師は、児童生徒が平等で互恵的な関係を築けるようペアワークを計画、運営することが求められます。具体的には、異なる能力や興味を持つ児童生徒を組み合わせ、それぞれの長所を活かした学習方法が効果的です。このような環境を整えることで、児童生徒は自発的に学び、成長する機会を得ることができます。

6. エンゲージメントをどう引き出すか？ 【HOW】

　これまではエンゲージメントの【WHAT】に焦点を当て，エンゲージメントを構成する４つの側面について解説してきました。

　エンゲージメントは，文脈や状況によってその度合いが大きく変わるという特性を持っています。これは，教師が適切なアプローチをとることで，児童生徒のエンゲージメントを引き出し，向上させることができることを意味しています。つまり，たとえ児童生徒が目前の学習に集中できていなかったり，注意力が足りなかったり，興味を持てていなかったりする状況であっても，その原因を特定し，適切な対策を施すことによって，彼らが学習に積極的に取り組むよう支援することが可能だということです。

エンゲージメントを高めるプロセス

　児童生徒のエンゲージメントは多様な要因に影響を受けますが，そのプロセスは以下の３つの段階に分けることができます。

● エンゲージメントの土台づくり

　最初に，教師と児童生徒，または児童生徒同士で信頼関係を構築することが不可欠です。信頼が築かれることで，彼らは提供されるフィードバックに耳を傾け，より積極的な学習姿勢をとるようになります。また，共感や協力を促すクラスの雰囲気をつくり出すことで，理解を深めることができます。

● エンゲージメントの喚起

　次に，児童生徒の興味や好奇心を引き出します。授業で物理的，活動的，内容的な魅力（詳細は後述）を提供することにより，彼らに新鮮な驚きや探究する楽しみを与え，興奮と探究欲を高めます。

● エンゲージメントの維持
　一度刺激された関心を持続させ，さらに強化するには，児童生徒に適切な認知負荷を与えることが大切です。過度な負担は避けつつ，挑戦的でありながらも学び続けられるよう，効果的なフィードバック提供がカギとなります。

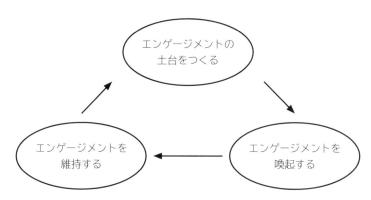

図2：エンゲージメントが高まるプロセス

　もちろん，これらのプロセスはいつも一方向に，直線的に進んでいくわけではありません。各段階を循環的に繰り返すことで，エンゲージメントを持続的に高めることを目指します。各段階での具体的な実践方法や工夫については，以下の各節で詳しく説明します。

エンゲージメントをプロセスとして理解する利点

　エンゲージメントは時間とともに変化するダイナミックなプロセスです。この段階的なプロセスを教師が把握することで，児童生徒のエンゲージメント状況を理解し，個々のニーズに応じた指導が可能になります。また，児童生徒がエンゲージメントのプロセスを意識することで，自身の学習経験への理解を深め，自己効力感を向上させることが期待できます。このように，エンゲージメントのプロセスを理解することは，教師がより効果的な指導方略を計画し，児童生徒が自身の学習をより深く理解するための重要な枠組みとなります。

7. エンゲージメントの土台をつくる

　児童生徒のエンゲージメントを高めるためには，教師と児童生徒，さらに児童生徒同士の間に築かれる良好な関係が基盤となります。その上で，安全で信頼できる教室の環境が必要不可欠です。教師には，児童生徒が自信を持ち，自ら学習の主体となれるような環境を整えることが求められます。同じ教材や教授法を使っても，エンゲージメントの土台がしっかりしているか否かで，学習成果は大きく変わっていきます。

教師と児童生徒の関係性

　児童生徒が教師に対して好意的な見方を持つことは，彼らの学習への関与を高めます。友人関係の良好さもまた，同様に重要です。多くの研究（例えば，Fredricks, 2014）が，教育と学習が深い人間関係に基づいていることを示しています。そのため，教師と児童生徒間の信頼関係を築くことは，学習者のエンゲージメントを高める上で欠かせません。

　Chapter 2 で取り上げる「児童生徒と良質な関係性を構築する」（Ch.2-3）は，児童生徒との信頼関係が学習の土台をなることを示し，「教師が熱中する」（Ch.2-10）は，教師の熱意が児童生徒の学習への関心とエンゲージメントを刺激することを示しています。私は大学の新学期のはじめに，各クラスの学生全員の名前を必死に覚えるようにしていますが，これは教師が学生に関心を持っている証であり，結果として関係を深める効果があります。

教室内の支持的な雰囲気

　児童生徒が安心して学べる支持的な環境を提供することは，教育の成功にとってカギとなります。特に英語学習に苦手意識を持つ児童生徒は，プレッ

シャーや不安を感じやすいものです。そうした児童生徒が自分の能力に自信を持ち，受け入れられていると感じられるようにすることで，彼らはより積極的に学習に取り組むことができます。

例えば，「心理的に安全な学習環境を整える」（Ch.2-7）ことで，児童生徒は学習中の不安や恐れを減らし，自信を持って取り組むことができます。また，「心理的距離を縮める仕掛けをつくる」（Ch.2-5）ことで，絆を深め，相互理解を促進することができます。相互理解が深まると，より多くの児童生徒が授業に積極的に参加するようになります。

エンゲージメントの４側面とその土台との関連

エンゲージメントの土台は，行動的，認知的，感情的，社会的エンゲージメントの４側面に大きく影響します。具体的には，土台がしっかりしている場合，児童生徒は(1)授業参加や課題への熱心な取り組み（行動的），(2)新しい情報の積極的な処理や批判的思考・問題解決能力の発揮（認知的），(3)学習に対するポジティブな感情（感情的），(4)他者との協力や社会的スキルの発展（社会的）において，よい傾向を示します。エンゲージメントの基盤を築くことは，これらの側面を統合し，児童生徒が学習に全面的にエンゲージする環境を提供することを意味します。

＼＼エンゲージメント研究紹介／／　心理的に安全な学習環境

心理的に安全な学習環境が学習者のエンゲージメントを高めることは，これまでの研究で繰り返し指摘されています。Tu（2021）では，教室観察，半構造化インタビュー，アンケートを通じて，英語学習者のエンゲージメントと，教室文化や心理的安全性との関係が調査されました。結果から，肯定的な教室文化が児童生徒に心理的安全感を提供し，これが積極的かつ持続的な授業参加を促すことが明らかになりました。児童生徒がリスクを恐れず挑戦し，フィードバックを自由に求め，肯定的な関係と教育体験を築くような環境は，彼らのエンゲージメントを促進するために不可欠です。

8. エンゲージメントを喚起する

　エンゲージメントの土台が築かれたら，次に考えるべきはどうやってそのエンゲージメントを高めるかということです。まさに初めて会う人との第一印象が大事であるように，英語の授業や活動でもスタートが肝心です。これをうまくこなすことができれば，児童生徒の学びへのモチベーションや授業への積極的な参加意識が高まります。すべての学習者を魅了する秘訣というものはありませんが，過去の研究により，多くの学習者を引きつける要因が存在することが明らかになっています。

初頭効果で児童生徒の心をつかむ

　「初頭効果」とは，最初に受けた情報に強く影響される心理的な現象を指します。この効果を利用することで，授業の冒頭で強烈な印象を残し，児童生徒の関心を引きつけることが可能です。これにより，周囲の気が散る要素から注意をそらし，学習に没頭できるようになります。児童生徒が課題に対して最初にどのような反応を示すかは，その後の彼らの学習態度に大きく影響します。このため，授業や活動のスタートは非常に重要です。

児童生徒のエンゲージメントを喚起する3つの魅力

　Mercer and Dörnyei（2020）は，エンゲージメントを喚起する要素として「3つの魅力」を挙げています。それらは，①物理的魅力（教材や教室の環境が魅力的であること），②活動的魅力（児童生徒が参加しやすく，インタラクティブな活動であること），③内容的魅力（学習内容が児童生徒にとって意味が深く，関心をそそるものであること）です。Chapter 3で紹介される指導アイデアは，これらの魅力のどれかに当てはまります（表2参照）。

魅力	指導アイデア（一例）
物理的魅力	・「Visual Aid や Tangible なものを活用する」（視覚教材や具体的な物資を通じて，児童生徒の関心を引きつける：Ch.3-2） ・「エンゲージングな教室を五感で演出する」（教室環境を視覚的，聴覚的に魅力的に演出する：Ch.3-8）
活動的魅力	・「児童生徒に合わせて活動をデザインする」（児童生徒のニーズや興味に合わせた活動をデザインする：Ch.3-1） ・「児童生徒を学習の主人公にする」（児童生徒が学習の中心になるような活動により，彼らの主体性を促す：Ch.3-10）
内容的魅力	・「題材との自己関連性を認識させる」（学習に対する個人的な関心を喚起する：Ch.3-5） ・「題材のフレームワークに入り込ませる」（題材に没頭させることで，内容に対する深い理解と関心を持たせる：Ch.3-6）

表2：エンゲージメントを喚起する3つの魅力と指導アイデア

このように，3つの魅力を効果的に組み合わせることで，児童生徒のエンゲージメントを喚起し，彼らの学習体験の質を高めることができます。

感情的・社会的エンゲージメントの重要性

エンゲージメントの喚起に際しては，感情的エンゲージメントと社会的エンゲージメントが特に大きな役割を果たします。学習内容が児童生徒の興味を引き，楽しさを感じさせ，関連性があると感じられる時，それはポジティブな学習体験を生み出し，彼らが授業に集中するきっかけとなります。さらに，クラスの仲間やグループとのつながりや，そこで感じる所属意識や安心感が，学習に対する積極的な態度を養います。そのため，教師はこれらの要素を授業デザインや活動計画に意識的に取り入れることで，児童生徒のエンゲージメントを促し，よりよい学習環境をつくり上げることができます。

9. エンゲージメントを維持する

　一度高められたエンゲージメントも，放置すれば時間とともに低下していきます。このため，教師は児童生徒のエンゲージメントを持続させ，できればさらに強化する方法を考える必要があります。エンゲージメントの喚起とその維持は密接に関わっているため，これらに関する指導アイデアには共通点が多く存在します。以下では，エンゲージメントを維持する上で重要なポイントである適度な難易度やフィードバックに焦点を当てて説明します。

適度な難易度設定

　適度な難易度の設定は，児童生徒の関心や集中を維持する上で重要です。課題があまりに簡単すぎたり，難しすぎたりすると，彼らの関心は長続きしません。著名な応用言語学者のクラッシェンが提唱したインプット仮説（Input Hypothesis; 現在の能力よりも少しだけ難しめのインプットを大量に取り込むことで，第二言語は自然と身につく）と同じように，児童生徒の現在のレベルよりも少しだけ高い（＝適度に難しい）課題を提示することで，彼らのエンゲージメントを促し，より深い学びを促すことができます。

　例えば，「児童生徒に適度な認知負荷を与える」（Ch.4-9）ことは，彼らの思考能力（分析，評価，創造など）を刺激し，学習意欲を高めます。また，「解答がない Argumentative な問いを設定する」（Ch.4-10）ことは，児童生徒にとって難易度が高く，チャレンジングな課題となります。しかし，このような課題に対しても，適切なサポートを得ながら粘り強く取り組むことができれば，児童生徒の自己効力感を高めることができ，その後の学習への好影響も期待できます。

フィードバックは種類とタイミング

　Hattie（2008）は52,637本の研究論文を対象にしたメタ分析を行い，学力に影響を与える様々な要因の効果を検証しました。その結果，フィードバックが学習成果に大きく寄与していることを報告しています。フィードバックの効果を高めるには，その種類とタイミングに注意することが重要です。フィードバックには，計画的・非計画的，形成的・総括的，直接的・間接的など，様々な種類があります。これらを指導目的，学習状況，児童生徒のニーズに合わせて適切なタイミングで用いることが肝心です（フィードバックの詳細について知りたい読者には，Hattie and Clarke（2018）をお薦めします）。

　Chapter 4で紹介する「フィードバックや中間評価を活用する」（Ch.4-5）では，児童生徒が自身の学習状況を理解し，次のステップを計画するための指導アイデアを取り上げます。さらに，「ゴールと評価規準を明確化する」（Ch.4-4）ことで，児童生徒は現在の自分ができることと課題を把握し，次に取り組むべき事項をイメージできるようになります。このようなフィードバックは，学習方法への意識を高め，持続的な学習へと導きます。

認知的・行動的エンゲージメントの重要性

　エンゲージメントの維持に際しては，認知的エンゲージメントと行動的エンゲージメントが特に大きな役割を果たします。児童生徒が教材や授業内容について深く考え，理解を深めるプロセスを経験できれば，彼らは継続的に学習に関心を持ち続けることができます。一方，目標達成に向けた具体的な見通し（いまの私であれば，①原稿のアウトライン作成，②ドラフトの執筆，③推敲）を明らかにしておくと，向かう方向がイメージしやすくなり，粘り強い努力が可能になります。このように，児童生徒のエンゲージメントを維持するには，学習のプロセスに注目することが大切です。エンゲージメントの好循環ができれば，彼らは「努力」をしている感覚すら持たずに，目の前の課題に没頭してくれるはずです。

Chapter 1　英語学習のエンゲージメントとは？　25

10. エンゲージメントの階層性

　エンゲージメントという言葉は，英語の他動詞"engage"に由来しています。この単語には「〜を引き込む」「〜を魅了する」という意味があります。エンゲージメントを考える上で重要なのは，その対象を明確にすることです。つまり，児童生徒がどのようなことに関心を持ち，熱中しているのかを理解することが大切です。

　一般に，エンゲージメントは図3に示すように，4つの階層から構成されていると考えられます。それらは「コミュニティ」「学校」「教室」「学習活動」といった異なるレベルです。以下，簡潔に説明します。

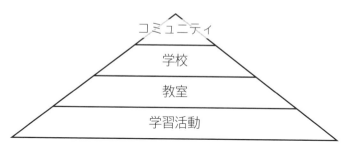

図3：エンゲージメントの4つの階層（Reschly & Christenson, 2022をもとに作成）

●コミュニティへのエンゲージメント
　児童生徒が生活する地域コミュニティへの関わりを意味します。例えば，地域の祭りの準備や自治会の清掃活動への参加，あるいは拡大家族として祖父母と一緒に住む家庭での相互の支援がこれに当たります。学校もコミュニティの一部であり，地域の行事に積極的に参加することも含まれます。
●学校へのエンゲージメント

児童生徒が学校の学業や生徒会，部活動，課外活動に参加することです。例えば，学校の運動会や文化祭への積極的な参加，生徒会の運営に関わること，スポーツ部や文化部での活動などが該当します。

● 教室へのエンゲージメント

教室という限られたコミュニティへの参加を指します。具体的には，教師とのやり取り，クラスメイトとのグループ作業，授業中のディスカッションなどが含まれます。

● 学習活動へのエンゲージメント

授業中の特定の活動や課題に積極的に取り組むことを意味します。例えば，数学の問題解決に集中する，英語のスピーチコンテストに向けて練習する，化学実験に積極的に参加するなどがこれに該当します。このエンゲージメントは，学習内容への深い理解と関心を促します。

本書，とりわけ以下に続く各章では，教室で行われる学習活動に対する児童生徒のエンゲージメント（すなわち，第3と第4のレベル）に焦点を当てています。その理由は，本書のテーマでもある「児童生徒が主体的に学ぶ授業」を実践するには，このレベルにおけるエンゲージメントがより重要な役割を果たすからです。

ただし，エンゲージメントの4つの階層が相互に影響を及ぼし合っている点には留意すべきです。例えば，英語の授業で繰り返し充実した学習経験を持つと，児童生徒はその教室や学校全体に対して，より強いエンゲージメントを感じるようになります。逆に，学校やクラスでのよい経験が，授業への積極的な参加を促すこともあります。つまり，エンゲージメントは単なる一方向の影響ではなく，上位レベルから下位レベルへのトップダウン的な影響と，下位レベルから上位レベルへのボトムアップ的な影響の両方から形成されるダイナミックな概念です。これは，児童生徒がどのように学び，学校やコミュニティに関わるかを理解する上で，重要な視点を提供します。教師はこの相互作用を理解し，それを促進する方法を見つけることが大切です。

Chapter **2**

エンゲージメントの土台をつくる指導アイデア

行動的 EG ｜ 認知的 EG ｜ 感情的 EG ｜ 社会的 EG

1. 成長マインドセットへの支援をする

1 成長マインドセット

「成長マインドセット」は，「スキルや能力は固定されたものではなく，努力や学習を通じて成長する」ものという信念を指します（Ch.1）。また，Dweck（2007）は，「人間の基本的資質は努力次第で伸ばせる」という信念を「しなやかマインドセット = growth mindset」と呼び，「自分の能力は固定されていて変わらない」と考える信念を「硬直マインドセット = fixed mindset」と呼んでいます。みなさんが関わっている児童生徒は，どのようなマインドセットを持っているでしょうか？

成長マインドセットを持つ児童生徒は，新しい挑戦や困難な課題に対して積極的に取り組む傾向があり，成功だけでなく努力自体を評価し，学習の結果ではなくプロセスに重点を置く指導が必要です（詳細は Ch.1参照）。

2 成長を実感できる「学びのあしあと」

1人1台端末の導入で，児童生徒のパフォーマンスを音声や動画で記録に残すことが容易になりました。例えば，学習の序盤と終盤で「今の自分の力で伝えられること」を音声や動画で記録し，それらを比較することで，自分のパフォーマンスを振り返り，その変容につながった学びの工夫について考えることもできます。各校で用いられている授業支援アプリケーションなどを効果的に活用し，e ポートフォリオのような形で「学びのあしあと」を残すことで，児童生徒が成長の過程を実感できる支援につながります。

成長の記録が残されることで,児童生徒のエンゲージメントが向上し,自身の進歩や達成感を感じることができます。学びのプロセスを振り返り,成長を実感できる環境は,児童生徒の継続的な学習への動機づけを高め,積極的な取り組みを促進します。その結果,児童生徒の学習効果とエンゲージメントの両方が向上し,よりよい学習体験につながります。

3 自己の変容への気づきを促す「振り返り」

　ここでは,「できるようになりつつある自分」(泉他,2023)への気づきを促す「振り返り」の一案を紹介します。1単元の学習を通じて,自分の力がどのように変容しているのかを実感できるよう,単元に1枚の振り返りシートを用いて,毎時間の最後に自己評価を行います(振り返りシート上段)。また,2時間に1回程度,自分の学び方についても振り返る時間を設定し,困りごとやみんなに相談したいことについても共有できるようにします(振り返りシート下段)。この振り返りは,児童生徒が学びの過程を意識し,自分の進歩に気づくことにつながります。これにより,児童生徒のエンゲージメントが向上し,より積極的に学習に取り組む姿勢が促されます。さらに,教師も見取りと振り返りシートからの情報を併せてフィードバックを行い,学びの過程を評価することで,児童生徒の成長マインドセットを育むことにつながります。

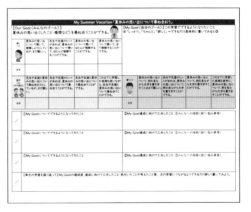

振り返りシート

\\ ポイント //

「成長マインドセット」を育むためには,学習の結果ではなくプロセスに重点を置く学習の仕組みや指導を大切にし,努力自体を評価します。

行動的 EG ｜ 認知的 EG ｜ 感情的 EG ｜ 社会的 EG

2. 教師が言語使用者のロールモデルとなる

1 言語使用者としての教師

　教師が英語を使ってコミュニケーションを図る見本（ロールモデル）になることの重要性は，広く知られています。例えば，JACET 教育問題研究会（2012）では，英語教員に求められる資質能力として，人格や性格の適性，教職としての適性などを含む「教職としての資質能力」と，英語（運用）力，英語教授力などを含む「英語教員特有の資質能力」が示されています。

　学級担任制を主とする小学校では，学級担任をはじめ，専科教員など，様々な指導者が様々な指導体制で外国語の指導にあたっている現状もあるため，それぞれの役割によって求められる資質能力は異なるかもしれません。しかし，教師は言語使用者であり，学習者のロールモデルになりうるという点では，どの校種においても共通するのではないでしょうか。

2 ロールモデルとしての教師の振る舞い

　教師と児童生徒のやり取りや ALT とのティーム・ティーチングなど，英語を使ってコミュニケーションを図ろうとする教師の姿を児童生徒に示す機会は授業の中でたくさんあります。自分の伝えたいことをどのように話すか，相手の話をどのように聞くか，また伝えたいことがうまく伝わらない時にはどのように対処するかなど，教師の振る舞いから児童生徒は気づきを得ることが期待できます。これらは口頭で何度説明するよりも，実際のコミュニケーションの中でモデルを示す方が児童生徒の理解につながりやすいものです。

3 教師が言語活動のモデルを示す

　児童生徒が単元終末のゴールの活動についてイメージをもつことができるよう，単元の導入として教師が言語活動のモデルを示します。教科書などにも，児童生徒の言語活動のモデルとなるような例が示されていることがありますが，具体的な発話のイメージを持ちにくい場合もあります。教師が目の前の児童生徒に合わせて興味関心を引き立てるようなモデルを示すことができれば，彼らのエンゲージメントがより喚起され，学習への積極的な参加につながる可能性が高まります。

　また，教師が示すモデルの内容や示し方にも工夫が必要です。発達段階に応じて，児童生徒が「自分たちにもできそうだ」「自分たちも挑戦してみたい」と思えるような魅力的なモデルを示すことが大切です。その際，教師が一方的にモデルを示すだけでなく，児童生徒にモデルとなる発話を聞いた感想を尋ねたり，どのように話そうか悩んだ点を共有し意見を求めたりすることで，「自分だったらこう話したい」「このような内容を採り入れたい」などそれぞれが自分の視点から教師が示したモデルについて考える機会にもつながります。

　言語の使用者として，また学習者として，よりよいコミュニケーションの実現に向けた言語使用の在り方を児童生徒とともに探究し続けることが大切です。

＼ ポイント ／

　英語を使ってコミュニケーションを図る機会を活かし，言語使用者として目の前の児童生徒がやってみたいと思うことができるモデルを示します。

Chapter 2　エンゲージメントの土台をつくる指導アイデア　33

| 行動的 EG | 認知的 EG | 感情的 EG | 社会的 EG |

3. 児童生徒と良質な関係性を構築する

1 温かい眼差しと共感的態度

　児童生徒の主体的な学習行動を促すには，教師が関係構築の努力をすることが必要です。「①考えていること，②興味を持っていること，③悩んでいること」など，児童生徒のこと，特に「心の状態」に関心を持つことで，距離を縮めることができます。教師の彼らへの「共感・信頼・尊重・教育的配慮」などの関与がカギを握る（Mercer & Dörnyei, 2020）とされています。①②③の視点で児童生徒を観察し，気づきを残します。机間指導は「宝探し」。教師は "mind-reader" になる努力を惜しまないことが大切です。

　授業内外で観察し，座席表に気づきをメモします。学年の情報交換にも役立ちます。児童生徒は，学校では公に応じた行動を求められます。心配事や悩みがあっても自分をおさえなくてはいけない日もあるでしょう。特に，小学生は一日の中でも気持ちの変化が激しい子もいます。温かい眼差しで相手目線に立った観察から，児童生徒が出すサインを見逃さず，彼らの価値観や立場をふまえた声かけを行うことが重要です。「わかってくれている」「気にかけてもらっている」ことを，彼らは心から歓迎します。安心感を得られるからです。こうした教師の振る舞いが，自己肯定感を向上させます。

2 児童生徒の後押しをする「ナッジ理論」

　「ナッジ」とは，英語の "nudge" で，「（注意を引くために）軽くつつく」「行動をそっと促す」や「後押しする」という意味です。スーパーのレジの

足跡マークもナッジです。「こうしたい（代金の支払い）」と思うタイミングで，足跡マークがあることで最適な行動（立ち位置）が選択できます。

　教室においては，「児童生徒の行動をそれとなく促す行動や言葉」のことです。指示や命令でなく，彼らの意思決定にふんわりと影響を与えて主体的な行動変容を促すナッジは，「後押しアプローチ」といってもよいでしょう。相手を想う気持ちが前提にあるので，ポジティブな思考を促し，内発的動機づけを高めます。例えば，「次の表現は難しいから勉強しておくように」より，「次の表現を身につけたら話す内容が豊かになるよ」と言われる方が前向きになれるのではないでしょうか。以下3点は，即実践できる教室でのナッジ例です。

　　□常に温かい眼差しで児童生徒に関わる
　　□勇気づける声かけをする
　　□個に応じた足場かけをする

3　個性を最大限に活かす個別最適な学び

　児童生徒は，大事にされているかに敏感です。教師の鋭い観察眼により気づかれた個性を大事にすることが，学習者としての感性，意欲と成果を最大限に引き出します。生徒指導面だけではなく，Realia（詳細は Ch.3-4参照）として授業時の Teacher Talk や言語活動にも個性を活かすことができます。それを引き出すのが教師の役目であり，個別最適な学びの一側面ともいえるでしょう。

　　□名前，誕生日を新学期が始まる前に覚える
　　□挨拶をする時に「〇〇さん，おはよう」など名前をつける
　　□欠席している児童生徒へ配付物や授業内容などの配慮をする

＼ ポイント ／

　「良質な関係性の構築」に重要な3つの力は，教師の「洞察力」「共感力」「コミュニケーション力」。

行動的 EG ｜ 認知的 EG ｜ 感情的 EG ｜ 社会的 EG

4. 児童生徒の集団意識を高める

1 安心で支持的なクラスルーム・カルチャー

　集団の結束性の強さ（集団凝集性）は，心理的に安心安全な学習環境に大きく影響します。集団凝集性の高い集団は，共通の目的やビジョン，そして，集団に強い帰属意識を持ち，仲間意識が強くチームとしての強い結束力を構築していきます。集団は個人の思考や行動に影響を与え，個人は集団の思考や行動にも影響を与えます。よって，仲間同士の心理的なつながりが強く，協働することを重視し，個を大切にした集団になります。

　英語は母語との相違が多く言語バリアが高いからこそ，やり取りをする中での不安がつきものです。安心して自分を出せる居心地のよい集団が，児童生徒の夢中を引き出し，パフォーマンスを向上させる基盤になります。さらに，こうした集団に参加することで，児童生徒は英語でのコミュニケーションへの自信を深め，新しい言語に対する恐れを克服することができます。結果として，集団内でのエンゲージメントが高まり，学習の成果が向上することが期待できます。

　集団凝集性の高い集団に必要な6つの要素として，⑴目標の共有，⑵集団規範の設定，⑶役割の認識，⑷協働性の高いタスク，⑸タスク達成への貢献，⑹ルーティーンの設定が挙げられます（安木・胡子，2023）。これらを取り入れ，リスク・テイキング行動を躊躇しない教室環境をつくることが大切です。以下では，集団の方向性を大きく左右する最初の2点を特に取り上げます。

2 教師理念に基づいた児童生徒同士をつなぐ目標の共有

　集団凝集性が高まる集団の特徴とは何でしょうか？　それは児童生徒による「見通し」と「共通目標」の共有に他なりません。目標を視覚化できると，集団内で共通の価値観が培われ，深い相互理解のもと個々の絆が強まると，同じベクトルで努力し，集団の目標達成のために協働する傾向が強くなります。以下は，教師による目標設定（学校の教育目標具現化含む）の流れです。
　①「目指す児童生徒（集団）像」と「教師理念（ビジョン）」の共有
　②児童生徒自身の「目指す姿（つけたい力）」をマンダラート（アイデアや計画を具体化・整理するための手法）で具体化
　③全体で共有し，学級集団として「目指す姿」と長期目標の具体を決定
　④逆算して中期目標と短期目標を決定（バックワード・デザイン）

3 連帯感と帰属意識を高めるクラス・モットーとルール

　深い信頼関係と豊かな学びの教室文化の実現に欠かせないもの，それはクラス・モットーとルールです。児童生徒と共有し，児童生徒同士と教師とをつなぐものとして徹底することで，爆発的な威力を発揮します。
　クラス・モットーは，教師としての想いや願いを反映する集団規範です。授業開始時に声を出して意欲喚起を行います。また，ルールは絆を育むために，児童生徒と一緒に考えます。コミュニケーション・ルールとして，目指す集団になるために必要な要素を盛り込み，いずれも教室内に掲示します。意識化と集団への浸透強化を図ります。一過性にしないために，教師自身が楽しんで遵守する姿勢がルールの維持につながります（胡子，2023）。

＼ ポイント ／

　「集団凝集性」を高める基盤は，子どもが"comfortable"だと感じる支持的風土。その中で「目標とモットー・ルールの共有」が威力を発揮します。

行動的 EG ｜ 認知的 EG ｜ 感情的 EG ｜ 社会的 EG

5. 心理的距離を縮める仕掛けをつくる

1 学習集団をエンパワーするピア・メンタリング

　教室内で児童生徒が互いに支持的関係を育むには何が必要でしょうか？その基本は，どんな営みにも相手への「受容」の気持ちを表現することです。

　まず注目したいのはピア・メンタリングです。学習者ファーストの視点でデザインされた授業は，学習者主体の協働で行う活動で構成されています。児童生徒が互いに行う活動が多くなるため，学習効果が最も上がる互恵関係の強いペアリングが肝です。そこで活用したいのが，ソシオメトリー（人間関係や社会的なつながりを調査・分析するための手法）による編成です。具体的には次の①〜④の流れで，学習集団を編成します。

　　①アンケートによりスタディ・リーダーを選出(一緒に頑張りたい人を4人)

　　②クラスの約半数をリーダーとして任命（教師はリーダーのケア）

　　③教師が人間関係と貢献度をもとにアンケートを加味してペアリング

　　④③で考慮したことをもとにグルーピング

　仲間と関わりながら解決するタスクに挑ませる中でこそ，エンゲージメントが高まり，ピア・メンタリングは効果を発揮します。英語力を伸ばすのとともに，自己／他者理解・共感性・対人交渉力といった社会性も育ちます。

2 認め合い，支え合う中で育む協働性

　「協働」とは，「同じ目的のために，力を合わせて働くこと」です。そのプロセスで影響を与え合い，結果として新しいものを産出します。仲間と乗り

越える必然性のあるチャレンジングなタスクが,「協働性」を一気に加速させます。既に児童生徒には,一人で乗り越えられる部分と,仲間との関わり（Scaffolding）で,できるようになる部分があります。この仲間とともに乗り越える部分が「伸びしろ」で,「発達の最接近領域（Vygotsky, 1978）」です。以下,協働性を高める実践の一部です。お気づきになる点はありますか？

　　□児童生徒の実態に合った<u>インタラクション型</u>の授業構成
　　□児童生徒の Realia を引き出す <u>Teacher Talk</u> と<u>言語活動</u>
　　□「生活の論理」につなぐ発問と「連想力」や「創造力」を育む<u>言語活動</u>
　　実は,協働性を高めるのに必要なのは「対話」（下線部）です。そこで,Good listener 育成のために身につけさせたいスキルがあります。

　　□ヘソ・アイ・ミミコンタクト（話者に体・目・耳を向ける）
　　□エコー（話者の言葉を繰り返す・確認する）
　　□質問・感想・称賛（話者の言ったことへの関心を示す）など
　　コミュニケーションスキルとして浸透させることで心理的距離も近づきます。また,認め合う関係性構築と Good speaker 育成にもつながります。

3 安心して自分を出せる居場所にする教室デザイン

　　心理的な距離を縮めることは,教室内のちょっとした教師のケアで行えます。ユニバーサル・デザインに基づいた視点も含み,すべての児童生徒の居心地よさを保障することにもなります。

　　□机の配置（コの字。仲間の顔が見えやすく意見を出しやすい空間にする）
　　□机・椅子にテニスボール（グループをつくる時に出る大きな音を防ぐ）
　　□机のつけ方（ペアと机をつけ,隙間をなくすため横には何も掛けない）
　　□教材の置き場所（ペアやグループの活動を妨げる場所に置かない）

\\ ポイント //

　　「一歩近づいたコミュニケーション」が「心理的距離」を縮めます。その根底として大事にしたいのが,仲間への「共感」と「受容」です。

行動的 EG ｜ 認知的 EG ｜ 感情的 EG ｜ 社会的 EG

6. 教室内外でポジティブな声かけをする

1 「挑戦する勇気」を引き出す声かけの重要性

　外国語学習は，児童生徒にとって自らの世界を広げていく楽しい学びであると同時に，しばしば彼らに「わからない」「できない」というネガティブな感情と向き合うことを求めるものでもあります。特に初めて英語を学ぶ児童生徒が，母語との違いに戸惑い，不安や難しさを感じてしまうのは自然なことでしょう。

　そのような児童生徒に対して，教師が彼らの努力を肯定して励まし，学習の支援につながるようなポジティブな声かけをすることは，児童生徒が積極的な態度で学習に臨むことを支援する上で，非常に重要です（Mercer & Dörnyei, 2020）。また児童生徒へのポジティブな声かけは，教師と児童生徒の間の信頼関係を築く上でも大きな役割を果たし，彼らが失敗や間違いを恐れず，挑戦する勇気を引き出すことにつながります。

2 児童生徒の名前を呼び，達成できたことを承認する

　では，実際にどのような声かけが児童生徒のエンゲージメント向上につながるのでしょうか。みなさんが児童生徒だった頃，先生から名前を呼ばれて嬉しかった経験はありませんか？　児童生徒の名前を呼んで声をかけることは，一人ひとりを個人として尊重していることを示す，シンプルかつ効果的な方法です（Scrivener, 2012）。自分が認識され，クラスの一員として存在しているという感覚は，児童生徒のクラス参加意欲を高め，エンゲージメン

トの確固たる土台となります。

　また，児童生徒が「達成できていること」を具体的に言語化し，改善に向けたフィードバックを送ることも非常に効果的です。例えば，英文法の学習をしている際に，単に「よくできているね」と伝えるのではなく，「過去形が正確に使えるようになっているから，次はどんな時に過去進行形にするのかを考えてみよう」と具体的に述べることで，児童生徒は自分が何を正しく理解しているのか，また次に何に焦点を当てるべきかをより明確に理解できるようになります（Hattie, 2008）。児童生徒が達成できていることの言語化はあまり行われない傾向がありますが，これは児童生徒の視点からも，自分の努力が「見てもらえている」と感じられるだけではなく，教師からのフィードバックを基にして学習を進めていく安心感につながります。

3 適切なタイミングで声かけをする

　これらの声かけは，わざとらしく，過剰に行う必要はありません。授業の前後や廊下ですれ違った際など，自然なタイミングで声をかけるとよいでしょう。特に近年，クラスメイトの前で公然と褒められることを好ましく思わない児童生徒が増えてきているのには注意が必要です。彼らの様子を見ながら，適切なタイミングに声をかけるようにするとよいでしょう。

　また，児童生徒を「褒める」際にも注意が必要です。各個人の能力を一般的な意味で褒めるのは逆効果になる可能性があるため，児童生徒の努力のプロセスや，成し遂げたことに着目し，具体的に声かけすることが大切です。

\\ ポイント //

　教師から児童生徒へのポジティブな声かけは，信頼と安心感につながります。彼らが達成したことに触れながら，具体的に言及するとよいでしょう。

Chapter 2　エンゲージメントの土台をつくる指導アイデア　41

行動的 EG ｜ 認知的 EG ｜ 感情的 EG ｜ 社会的 EG

7. 心理的に安全な学習環境を整える

1 児童生徒が「心理的安全性」を感じられる環境を整える

　もしみなさんが何か新しい挑戦をするとして，その過程で生じる一つひとつの失敗や間違いを周囲から馬鹿にされ，嘲笑されてしまうような環境で努力を続けることはできるでしょうか？　失敗を隠すようになり，挑戦を続けられなくなってしまうことは想像に難くないでしょう。これは児童生徒でも，成人の学習者でも同様です。

　児童生徒が積極的に学習に取り組める，ポジティブな教室文化を築くためには，児童生徒の「心理的安全性」を確保することが何よりも大切です。心理的に安全な学習環境とは，教師や他の児童生徒にからかわれたり馬鹿にされたりする不安を抱くことなく，自分の意見を自由に表現し，間違いを恐れずに新しいことに挑戦できる状態を指します（Edmondson, 2018）。このような心理的安全性が確保されている環境では，児童生徒は，より積極的に学習に関わり，努力することができるようになります（Tu, 2021）。

2 教師がモデルとなり，行動と態度で示す

　教師の行動や態度は，学習環境の雰囲気づくりに決定的な影響を与えるモデルとなり，児童生徒の心理的安全性を確保するための土台になります。

　まず大切なことは，公平かつオープンな態度で接することです。不機嫌にしている教師に児童生徒は近づいてきません。彼らが必要とした時に，気兼ねなく相談できる存在であることが重要です。ただし，オープンであること

と，児童生徒に迎合することは異なります（Roffey, 2011）。児童生徒が望ましくない態度や行動に出た時には，許容せず，毅然と指導することが大切です。次に，自分自身の学習者としての経験を共有することも効果的です。特に教師の失敗談は児童生徒にとって学びの糧となるだけではなく，大きな励ましにもなります。そして，児童生徒のつまずきに共感を示します。英語学習はストレスの多い困難なプロセスであり，教師からの共感は，自分は独りではないという力強いメッセージを送ることにつながります。

3 児童生徒と協力して，安全な環境をつくる

学習空間における心理的安全性を高めるためには，児童生徒の協力が不可欠です。彼らがそれぞれを頼り合い（信頼），互いの意見を尊重し（共感），互いの違いを受け入れる（受容）ことができるように，クラス・ルールやモットーとして児童生徒に伝え，それらが表れた行動を価値あるものとして承認するとよいでしょう（Mercer & Dörnyei, 2020）。また，これらの価値が望ましいものとして児童生徒に定着するように，教師が折に触れて強調したり，彼らが協働して取り組む活動を設定したり，支持的な行動を称える Thank you letters を書き合うことも効果的です。

信頼・共感・受容を
モットーにする

\ ポイント /

「心理的安全性」は，児童生徒が積極的に学習に取り組む環境に不可欠です。教師と児童生徒が協力して，安心できる環境づくりが大切です。

行動的 EG │ 認知的 EG │ 感情的 EG │ 社会的 EG

8. エラーを歓迎する雰囲気をつくる

1 エラーを学びの資源として捉える

　失敗や間違いは，誰にとっても決して気持ちのよいものではありません。しかし，新しく言語を学ぶことに失敗はつきものであり，エラーは学習過程の自然な一部分です。エラーを学びの資源として捉え，歓迎する文化を教室内で育むことは，児童生徒が言語学習の旅の中で直面する多くの挑戦を乗り越える上で極めて重要です（Gershon, 2016）。このような文化があると，彼らは失敗や間違いを犯すことを恐れずに学習機会と捉え，成長のためのステップとして活かすことができるようになり，より積極的に学習にエンゲージするようになります。

　しかし，教室で起こるエラーのうち有効に活用されているものは，ほんの5〜10%に過ぎません（Tulis, 2013）。また，特に多感な小学校高学年の児童，あるいは中学生や高校生にとって，他の児童生徒の前で間違えるのは心理的に抵抗があることも多く，エラーを建設的に活用するには雰囲気づくりと仕組みづくりの両面から考えることが必要です。

2 エラーから学ぶという姿勢を示す

　エラーから学ぶという姿勢を育てるためには，まず教師が児童生徒の失敗や間違いに対してどのように反応するかが重要です。例えば，教師が挑戦を称賛し，「この間違いから何を学べるかを考えてみよう」「この失敗を繰り返さないためにはどうすればよいだろう」と声かけをすることで，失敗を学習

44

と成長につなげていくというメッセージを伝えることができます。もちろん，すべてのエラーに対して同様に反応する必要はありませんが，エラーは学びの宝庫という教師の姿勢は，児童生徒にも伝わり，広がります。

　また多くの場合，失敗は誤解と必要時間の不足に起因します。例えば学習課題で何が求められているのかを把握できていない場合は，その理解を正す支援が必要ですし所要時間が足りない場合は必要な時間を児童生徒と相談するなど，何に起因するエラーなのかを観察することも大切です。

③ エラーを可視化し，指導に活かす

　児童生徒のエラーを授業に活かすための簡単な取り組みとして，授業の最後に児童生徒が簡単な質問に答える "Exit Tickets" が挙げられます（Mercer & Dörnyei, 2020）。単元の理解度を確認するための簡単なクイズや，その授業で印象に残ったことなどの短いコメントを集めることで，児童生徒の理解度を把握することが目的です。収集したデータを分析し，理解のおぼつかないところを次回の授業で復習するなど，児童生徒の理解の実態に沿って授業を行うことができるようになります。

　このような取り組みは Google フォームなどのデジタル・アンケートと非常に相性がよく，教師の感覚に頼らず，手軽に児童生徒の理解度とつまずきを可視化するだけではなく，授業中になかなか手を挙げることができない児童生徒のつまずきを発見することにも役立ちます。

　また可視化されたエラーを復習の材料として取り上げ，ペアやグループでエラーの原因となる誤解を解けるよう話し合ってもらうことも効果的です。

\\ ポイント //

　エラーが歓迎される環境では，児童生徒はより努力することができます。学習に活かすために，教師が率先して雰囲気と仕組みをつくることが重要です。

行動的 EG | 認知的 EG | 感情的 EG | 社会的 EG

9. 確かな成功体験を蓄積し 有能感を高める

1 エンゲージメントの土台である「有能感」

　児童生徒が得意な学習課題に取り組む場合，より高いエンゲージメントを持って夢中に取り組む場合が多いでしょう。これは，児童生徒が「自分はやることができる」という「有能感」で満ちていることが理由の一つとして考えられます。また，児童生徒が困難な学習課題に取り組む場合も，有能感があれば高いエンゲージメントを持つことができるかもしれません。このように，児童生徒が感じる自らの有能感は，児童生徒を学習へと内発的に動機づける重要な要因であり（Deci & Ryan, 2002），彼らのエンゲージメントを促進するための土台となる心理的要因であるとされています（Mercer & Dörnyei, 2020）。

2 有能感を高めるため「確かな」成功体験

　児童生徒の有能感を高めるためには，学習課題に挑戦し成功することを体験させることが重要です。ただ，単に成功すればよいというわけではありません。例えば，高校生が比較的やさしい英文を読むという課題を達成したとしても，その成功体験は有能感の向上にはつながらないかもしれません。では，この高校生たちが英字新聞の読解に取り組むとしたらどうでしょうか。教師から適切な支援などの手立てがあれば，生徒たちは高い行動的・認知的エンゲージメントを持って読解に取り組むことができ，その成功体験は有能

感の醸成につながるものとなるでしょう。このように，自らの力よりも適度に高いレベルのことを，著名な心理学者であるヴィゴツキーは「発達の最接近領域」と定義していますが（Vygotsky, 1978)，児童生徒に確かな成功体験を経験させるためには，発達の最接近領域を十分考慮して学習課題を設定するとともに，児童生徒の活動が成功するように，教師が適切な支援（Scaffolding）を与える必要があります。

3 成功体験の蓄積を「視覚化」

　英語学習の成果には，ペーパーテストの成績や ALT とのコミュニケーションの成立などの「目に見える成功」もある一方で，「目に見えにくい成功」も多いです。そのような目に見えにくい成功を視覚化する手段の一つが，様々な形で行われる教師によるフィードバックです。児童生徒の学習成果に対し，口頭あるいは文面で肯定的フィードバックを継続的に行うことは，児童生徒の有能感を高めエンゲージメントを促進する上で欠かすことができない，教師が担う大きな役割といえるでしょう。また，児童生徒が一定期間に取り組んだ様々な成果物や課題などをファイリングし，成功体験のポートフォリオとして視覚化することも，有能感を高めるために役立ちます。近年では紙の成果物をファイリングする形のポートフォリオだけでなく，パソコンやタブレットで作成したデータや画像をファイリングする，デジタルのポートフォリオも活用できるようになっています。

　児童生徒たちが，これまでの学習を通して具体的に何ができるようになったのかを振り返ることで，「自分はできるようになったのだ」という有能感を明示的に意識することができるでしょう。

\ ポイント /

　有能感を高めるためには，時には適度に高いレベルの学習課題を設定し，課題の成功をフィードバックで視覚化しながら蓄積することが重要です。

行動的 EG ｜ 認知的 EG ｜ **感情的 EG** ｜ 社会的 EG

10. 教師が熱中する

1 教師と児童生徒の情熱は表裏一体

　教師が情熱を持ち指導に熱中すれば，児童生徒にもその情熱が伝わり，児童生徒も熱中する。これは至って当然なことではありますが，児童生徒のエンゲージメントの土台をつくるために非常に重要なことです。

　教師の情熱が学習者に影響しうるということは，これまでも多くの研究により報告されています。例えば，英語学習の動機づけ研究において著名なZoltán Dörnyei と Ema Ushioda は，児童生徒の外国語学習動機に影響を与える多くの要因の中でも，教師の情熱と児童生徒への関わりの深さは，最も強い影響を与える要因の一つだと述べています（Dörnyei & Ushioda, 2010）。また，Keller et al.（2013）は，教師の熱意が児童生徒の学習成果に好影響を及ぼす理由として，教師の熱意ある態度が児童生徒の学習に対する注意を促すこと，教師の熱意から児童生徒が学習に対する価値や期待を感じ取ることができること，児童生徒が教師の熱意をあたかも自分自身の感情として経験することができること，などを挙げています。

2 教師が熱中できる環境をつくる

　学習者エンゲージメントの土台づくりは，教師エンゲージメントの土台づくりであるともいえます。教師が指導に熱中・没頭するためには，教師自身が情熱を傾けることが重要ですが，同時に教師が指導に熱中できる環境を整える必要もあります。もちろん，教室の整備や勤務条件の整備など，指導環

境の「ハード面」を整備することは，学校のマネジメントを担う人々の役割でしょう。しかし，指導環境の「ソフト面」については，実際に指導する教師の努力により整えることができることも多いです。例えば，1つの科目を複数の教師が担当する際に，担当者間のコミュニケーションを密にすることなどが挙げられます。互いの指導観や目標を十分共有することは，教師が自信を持って指導することにつながり，より熱中して指導できる環境が生まれるでしょう。

3 教師が「英語使用者・英語学習者」として熱中する

　非母語話者の英語教師は，児童生徒にとって，外国語として英語を使用するロールモデルです。日頃から教師が英語使用者として，教室内でも英語を使用する姿を児童生徒に見せることは，児童生徒のエンゲージメントを高める土台をつくり，喚起するための強力な手段です。例えば，ALT とのティーム・ティーチングなどにおいて，教師が ALT との英語によるコミュニケーションに没入している姿などを見せることで，児童生徒は，「自分たちも英語でコミュニケーションしてみたい」という意欲（Willingness to Communicate）を持つようになり，エンゲージメントを強く促進できます。

　また，非母語話者の英語教師は「英語学習者」であることも忘れてはいけません。教師自身が新しい英語知識を学習している姿を見せたり，難解な英語教材を必死で理解しようとする姿を見せたりするなど，教師自身が英語学習に熱中しているところを見せることも時には必要でしょう。きっと児童生徒たちは「先生なのになんで？」と思うのではなく，生涯にわたり英語学習に熱中する姿を，自らのロールモデルとして捉えるに違いありません。

\ ポイント /

　教師の授業に対するエンゲージメントが高められる環境をつくったり，「英語使用者・英語学習者」のロールモデルとなったりすることが重要です。

Chapter 2　エンゲージメントの土台をつくる指導アイデア　49

Chapter 3

エンゲージメントを喚起する指導アイデア

行動的 EG ｜ 認知的 EG ｜ 感情的 EG ｜ 社会的 EG

1. 児童生徒に合わせて 活動をデザインする

1 学習到達目標や児童生徒の学習経験を把握する

　児童生徒に合わせて活動をデザインする際には，学習到達目標や児童生徒の学習経験，興味関心や他教科での学びの状況など，実態を把握することが大切です。

　まずは，当該学年の学習到達目標は何かを確認してみましょう。学習到達目標については，CAN-DO リスト形式で設定されている場合が多いため，児童生徒が英語を使って何ができるようになるのかを教師が具体的にイメージすることにも役立ちます。また，児童生徒がこれまでどのような内容をどのような方法で学んできたかについての情報も参考になります。児童生徒にとっての既習事項は何か，どのような学びを経験しているかについて知ることで，児童生徒に合わせた活動デザインが容易になります。

2 児童生徒の興味・関心・望みを探る

　児童生徒は，今どのようなことに興味・関心・望みを持っているのかを知ることも活動デザインの大切な視点です。

　例えば，小学校であれば，児童同士の会話や彼らが興味関心を持っていることについて学ぶ自主学習の内容，また他教科・領域などでの学習内容も参考になることがあります。憧れのスポーツ選手や流行りのゲーム，世界の食べ物やニュース等，彼らの興味関心の豊かさには驚かされます。また，教科・領域間で類似する学習内容（例えば，将来の夢や環境問題など）を扱っ

ている場合もあります。それらを教師が有機的に関連づけて活動をデザインすることができれば，他教科・領域での学びが外国語の学びにもつながり，学びの広がりや深まりが期待できます。また，外国語の学習に対してどのような望みを持っているのか，児童生徒の声を聞いてみることも有効です。

③ 多様な活動のアイデアを得る

　児童生徒の興味・関心・望みなどを把握した上で，どのような活動をデザインできるかは，教師がどのような活動をどれくらい知っているかということも影響します。一つの活動がうまくいったからといって，その活動を繰り返すだけでは，次第に児童生徒に合わない活動になってしまう可能性もあります。活動デザインのアイデアを豊かにする方法は，様々考えられますが，すでに多くのみなさんが実践されていることと思います。

　例えば，校内や自治体の研修などで，同僚の先生方の実践を見たり，その内容について協議したりする経験から，活動のアイデアが得られることもあるでしょう。また，図書や文献，オンラインで開催される様々な研究会などで実践報告や実践者同士の交流により活動のアイデアを得ることもできます。可能であれば，同僚の先生方と活動のアイデアについて議論することも大変有効です。

　児童生徒のエンゲージメントを高めるためには，彼らの実態に合った活動をデザインする必要があります。そのために必要な情報を得られるよう，普段からアンテナを張っておくことで，より豊かな活動デザインが可能になります。

\\ ポイント //

　児童生徒に合った活動をデザインするために，必要な情報を適切に収集するとともに，それらを活用することでよりよい活動の実現につなげます。

Chapter 3　エンゲージメントを喚起する指導アイデア　53

行動的 EG │ 認知的 EG │ 感情的 EG │ 社会的 EG

2. Visual Aid や Tangible なものを活用する

1 「物理的魅力（physical appeal)」としての視覚資料や具体物

タスクデザインにおける学習者の感情を引きつける３つのレベルとして，Mercer and Dörnyei（2020）は，

- ・物理的魅力（physical appeal）
- ・活動的魅力（activity appeal）
- ・内容的魅力（content appeal）

を挙げています（詳細は Ch.1-8参照）。なかでも，最も基本的なレベルの魅力とされる「物理的魅力」は，視覚的知覚経路を通じて感情的エンゲージメントに作用する強い刺激と紹介されています。授業に用いる視覚的な資料や具体物の在り方，またその活用を工夫することで，児童生徒のエンゲージメントを喚起することができると考えられます。一方で，課題への関連性が低い物理的魅力は児童生徒の注意を散漫にする要因になりやすいため，その扱いには注意が必要であることも指摘されています（Mercer & Dörnyei, 2020）。

2 視覚資料や具体物の選定

視覚資料や具体物といっても，教科書やワークシート，新聞やパンフレットだけでなく，ウェブサイトや動画など，その内容は年々多様になっています。そのような中で，児童生徒の実感を伴った理解を促したり，学習を自分ごととして捉える意識を高めたりするために，どのような視覚資料や具体物

を活用するかについては十分な検討が必要です。例えば，自分の住むまちを紹介する学習において，どのような視覚資料を活用することができるでしょうか。まちの写真，地図，公式ホームページ，名所や行事を紹介するパンフレット，魅力を紹介する広報動画など，様々な資料や具体物が候補として考えられるでしょう。このように多様な選択肢があるからこそ，目の前の児童生徒のエンゲージメントを喚起するために適切な資料や具体物を選択し，活用する力が教師に求められるのです。

③ 学びをつなぐ視覚資料や具体物

　児童生徒にとって魅力的な視覚資料や具体物は，これまでの学びとこれからの学びをつなぐ役割を果たす場合があります。

　例えば，小学校中学年の外国語活動は週に１単位時間，高学年であっても週に２単位時間しか外国語に関する授業がありません。そのため，なかには，これまでの学習内容をすぐに想起することが難しい児童がいる場合があります。そのような時に，指導者が以前の学習で提示した視覚資料や具体物を再度提示すると，「あぁ，あの時に勉強したことか」「思い出した」などという声が聞かれることがあります。

　新たな学習内容に合わせた視覚資料や具体物を準備するとともに，これまでの学習内容や成功体験を想起するための手立てとして，過去に使用した視覚資料や具体物などを再度活用することも，児童生徒のエンゲージメントの喚起につながるのです。

＼＼ ポイント ／／

　児童生徒のエンゲージメントの喚起には，多様な視覚資料や具体物の中から，目の前の児童生徒に応じた適切なものを選定します。

Chapter 3　エンゲージメントを喚起する指導アイデア　55

行動的 EG ｜ 認知的 EG ｜ 感情的 EG ｜ 社会的 EG

3. 児童生徒の知的好奇心を高める

1 知的好奇心を高める

　知的好奇心について，Mercer and Dörnyei (2020) は，「もっと知る喜び
を求めて学習に向かう一般的な動因」と定義しています。普段の児童生徒の
様子からは，「もっと知りたい」という思いから学びに積極的に関与しよう
とする姿とそうではない姿の両方が見て取れることがあります。
　外国語の学習において，どのように指導を工夫すれば，児童生徒の知的好
奇心を高め，学びに向かうことにつながるのでしょうか。

2 児童生徒がもつ背景知識を活用する

　児童生徒がもつ背景知識を活かした題材や教材を採り入れることで，学習
内容に対する知的好奇心を高めることも一案です。全く知らない事柄につい
て外国語で学習する際，児童生徒が学習への意欲を持ちにくかったり，難し
さを口にしたりするような姿を目にしたことがある方もいるのではないでし
ょうか。大人であっても同様に感じることがあります。
　そこで，児童生徒にとって新たな学習内容であっても，既有の背景知識を
部分的に採り入れることで，「知っている」から「もっと知りたい」という
思いへとつなぐことを試みます。
　例えば，行事などを題材とした学習では，児童生徒の背景知識を活かすこ
とができるよう，授業の導入で地元の伝統的な祭りや身近な年中行事を扱う
ことで，新たな英語表現に興味を持ち，「それらを紹介する表現を知りたい」

という思いへとつなげることもできます。

　学級には，様々な児童生徒がおり，個々の興味関心に応じて多様な背景知識を持っていることが予想されます。児童生徒の実態を把握し，どのような背景知識の活用が知的好奇心の高まりに有効かを考えることも大切です。

３ 児童生徒の「なぜ？」を引き出す

　児童生徒の知的好奇心を高めるもう一つの案として，「なぜ？」という気持ちを引き出す指導の工夫について考えてみたいと思います。

　児童生徒がすでに知っていることと異なる事象に出合うと，「なぜ？」「どうして？」と興味を持ち，人に尋ねたり，自ら調べたりしようとする姿を目にすることがあります。

　例えば，前項で紹介した行事を題材にした学習では，日本の行事と世界の行事の共通点だけでなく，相違点にも気づかせることで，国によって季節が異なることや入学式の時期が異なることなどに興味を持ち始める児童生徒が出てきます。

　このように，児童生徒がすでに知っていることと，まだ知らないことをうまく組み合わせながら活動をデザインすることも，知的好奇心を高めることにつながります。

\\ ポイント //

　児童生徒の背景知識を把握し，すでに知っていることやまだ知らないことをうまく組み合わせ，知的好奇心を高める活動をデザインします。

行動的 EG ｜ 認知的 EG ｜ 感情的 EG ｜ 社会的 EG

4. Authentic Material/Realia を活用する

1 タスクを自分ごと化する Realia

　「注目」を勝ち獲ることが児童生徒のエンゲージメント喚起の肝です。人の脳は「自分が重要だ」と思うものに反応し注意を向けます。それが夢中を生み出します。

　では，注意を引きつけるには何が必要でしょうか。それはタスクデザインです。特に，タスクと経験の橋渡しとなり，自分ごととして捉えさえる仕掛けが児童生徒を前のめりにさせます。それが "Realia" です。

　Realia とは，児童生徒の身近にあるリアルなもの，すなわち「実物教材」のことです。日常生活で目にするメニューや広告などが当てはまります。しかし，そのまま使うことは，生キャベツをドンとテーブルに置くようなものです。児童生徒の実態（ニーズ・好み・願望・能力・文脈的状況）を把握し（Mercer & Dörnyei, 2020），どのように（調理）すれば，彼らの共感（美味しい）と思ってもらえるかに力を注ぐ必要があります。

　題材も同じです。実在のことを扱ったものやメッセージは，児童生徒の心を揺さぶるものになります。しかし，自分ごと化させるのに極めて重要なのは，彼らの日常に引き込むのは何か，すなわち彼らの関心事にアンテナを張ることなのです。

2 自己関連性を生み出し，ワクワクさせる「生活の論理」

　Realia が機能し，児童生徒の意欲を引き出すためには，教科書から得られ

る知識である「教科の論理」と実生活や興味関心との関連性がある「生活の論理」をつなぎ，この二つが授業の中にバランスよく組み合わされていることが大事です。「生活の論理」は，児童生徒の生活と密着しているので，やってみたいというエンゲージメント喚起のカギとなり，学びの土台となります。彼らの興味・関心・好み・願望や生活経験をトピックにしたり，他教科で学んだ既習内容とつないだりすることが自己関連性を引き出します。

③ 児童生徒の内声を引き出す「教師のことば」

Realia は，児童生徒の日常に密着した身近なもので，教師が使う「ことば」も Realia になります。教師の話し方や伝え方が彼らの意欲に影響するのです。児童生徒に受け入れてもらえるような話し方や内容はどのようなものが好ましいのでしょうか？

話す前　□受容的態度で児童生徒の声を聴く（カウンセリングマインド）
　　　　□教師自身の自己開示をし，安心基地となる
話し方　□相手意識を持つ（声・目線・うなずき・短文・話の順序）
　　　　□肯定的な伝え方をする（「……すると○○できるよ」）
　　　　□ must（「～しなくてはならない」）から can（「～できるよ」）にする
話す内容　□児童生徒同士や学習内容をつなぐ（布石を打つ・伏線を張る）
　　　　□自己肯定感を高める
　　　　□価値観や解釈，行動を変える

　教師の担う役割は様々で，coach，mentor や facilitator など，時と場に応じカメレオンのように変わらなくてはいけません。しかし，エンゲージメント喚起の視点では，教師は児童生徒の可能性を最大限に引き出すために，プラスのマインドセットで「伴走者」である意識が肝心です。

＼ ポイント ／

　豊かな感受性と意欲を引き出す Realia が，児童生徒の夢中を引き出すきっかけになります。

行動的 EG ｜ 認知的 EG ｜ 感情的 EG ｜ 社会的 EG

5. 題材との自己関連性を認識させる

1 題材との「自己関連性」を認識させる

　こんな経験はありませんか？　それまで特に関心を抱いていなかった街へ旅行することになりました。それをきっかけに，あなたはその街に興味が湧き，楽しみながら有名な観光地や食べ物を調べ，その街にとても詳しくなりました。このように自分との関わりを認識した瞬間に関心を強め，積極的に取り組むようになることは，英語学習においても同様に起こります。

　Shernoff（2013）は，学習者が授業内容を自分にとって有用で意義のあるものだと認識し，内容が自分にとって関連性のあるものと考えると，注意を向け，積極的に取り組むようになると示しています。この「自己関連性」は，身近な学習活動だけではなく，例えば社会問題など一見して児童生徒が「遠い世界のこと」と認識しがちな題材を扱う際にも，児童生徒の「取り組みたい」という感情を引き出すのに非常に効果を発揮します。

2 児童生徒を観察し，状況的関心を引き出すタスクを設定する

　どうすれば児童生徒の自己関連性を引き出すことができるのでしょうか。児童生徒の好きなことなど「個人的関心」をもとに児童生徒を引きつけることも可能ですが，それだけでは関心は長続きせず，また関心の低い児童生徒を引きつけることはできません。

　これについて Mercer and Dörnyei（2020）は，学習者の「状況的関心」を引き出すことが重要であると述べています。状況的関心とは，タスクが設

定する特定の状況によって引き出される関心を指し、例えば題材を児童生徒の実生活に結びつけたり、児童生徒が協働して問題を解決する機会をつくったりすることでタスクに取り組む意義を感じると、学習に巻き込むことができる可能性が高まります。どのようなタスクが適切かは学習者集団により異なるため、児童生徒を観察しながら適切なタスクを考えることが必要です。

3 質問を用いて児童生徒の自己関連性を引き出す

題材との自己関連性を認識することはエンゲージメントの向上に効果的ですが、教師が児童生徒へ一方的に関連性を説明しても、彼らの心には響きません。児童生徒が自分で気づくことができる導入の仕組みづくりが必要です。

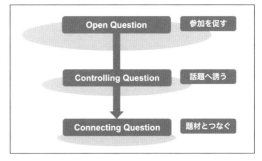

質問で自己関連性を引き出す

児童生徒の自己関連性を引き出すために、和田（2014）は以下の三つの発問を用いることを提案しています。まず①身近な話題を取り上げ、学習者の参加を促すためにハードルを下げるオープン・クエスチョン。次に②題材の話題に誘うコントローリング・クエスチョン。そして、③学習者が題材を読み（聴き）たくなるように題材と学習者をつなぐコネクティング・クエスチョンです（それぞれの実践例は Ch.5-6 を参照）。写真や短いビデオなどの視覚的な教材を補助的に用いながら、発問をつなげて題材へと導入することで、児童生徒は題材との自己関連性を感じ、状況的関心が刺激され、積極的に学習に取り組んでくれるようになるでしょう。

＼ポイント／
題材との「自己関連性」を認識させるには、児童生徒の状況的関心を引き出せるように導入することが大切です。三つの発問を活用して引きつけます。

行動的 EG ｜ 認知的 EG ｜ 感情的 EG ｜ 社会的 EG

6. 題材のフレームワークに入り込ませる

1 題材に深く没頭させる

　児童生徒が題材のフレームワークに入り込み，没頭すると，内容に対する深い理解と関心を持つようになります。没頭とは，あたかも自分が主人公になったかのようにその世界に入り込むことを指し，英語を自然な文脈で使用する場面を擬似体験できるため，より現実感のある理解につながります。例えば，題材の設定についての背景知識や文化的要因を説明すると，言語面だけでなく，内容面への関心を引き出すことができるようになります。

2 会話文を使ってロールプレイを行う

　会話シナリオを模倣するロールプレイは，児童生徒が題材に没頭し，言語を現実に即した状況で使う経験を得られる活動です。ペアやグループで行うと，児童生徒でのコミュニケーションを活発化させるきっかけにもなるでしょう。

　また，単にシナリオを追い，真似をして読むのではなく，児童生徒に創造性を発揮してもらい，セリフを自分たちで考えてもらうとより積極的に参加してくれるようになります。例えば会話文のはじめと終わりだけを指定し，中間部分の会話を空白にしておきます。児童生徒を3〜4人程度の小グループに分け，それぞれのグループごとに空白部分の会話を想像し，セリフを補ってもらい，グループごとに会話を実際に演じてもらいます。このような活動は，児童生徒が楽しみながら参加するだけでなく，キャラクターのセリフ

として設定の中で発話ができるため，普段ではなかなかできないような発言が飛び出し，教室が豊かな表現で満たされる時間になります。会話をつくる際には，ターゲットとなる文法項目を含めるように指定する，誹謗中傷や公序良俗に反する内容は含めないなどのルールを設定するとよいでしょう。

③ 物語や伝記を題材として扱う

　児童生徒が題材に没頭する体験を促すには，物語や伝記を教材として用いることが効果的です。物語や伝記を読む意義の一つは，普通に生活をしていたら出会うことのない誰かの視点を借りることで，想像力を働かせて追体験できることにあるといえるでしょう。児童生徒が登場人物に自分を重ね合わせることで共感し，感情を動かされると，より積極的に題材に関わろうとします（Mercer & Dörnyei, 2020）。結果として，英文を単に英語学習のためだけの素材として考えるのではなく，感情を注ぎ，より深く，個人的なレベルで関連づけて捉えることができるようになる可能性が高まります。

　特に物語を扱う際には，内容理解と文法や語彙の指導は別に行うとよいでしょう。物語を読むことに専念する時間をつくらなければ，児童生徒の注意が散漫になり，没頭が起こりづらくなってしまいます。文法や語彙の指導が必要な場合には，読む前後に時間を設けて指導するのが効果的です。

　また環境が許すようであれば，児童生徒の発達段階や習熟度に合わせ，語彙レベルなどが調整された多読用教材である Graded Readers を用いて授業を行うことも選択肢の一つです。物語のエンディングを隠し，グループで協力して考え，発表する活動は，多くの児童生徒が楽しんで参加してくれるだけでなく，彼らの感性や想像力を刺激することにもつながります。

＼ ポイント ／

　題材のフレームワークに没頭するためには，会話のロールプレイを行ったり，物語や伝記を用いて児童生徒の共感を引き出したりすることが有効です。

Chapter 3　エンゲージメントを喚起する指導アイデア　63

行動的 EG | 認知的 EG | 感情的 EG | 社会的 EG

7. 児童生徒の英語学習動機や
学習観を意識する

1 エンゲージメント喚起を左右する学習動機や学習観

　ある学校では児童生徒が夢中になっていた活動を，別の学校でも同様に行ったところ，児童生徒があまり夢中にならなかった。異動先の学校でこのようなことを経験した方も多いのではないでしょうか。同じ活動を実施しても，異なる集団間で児童生徒のエンゲージメントの程度に差があることの背景には，様々な要因があると思われますが，その一つとして挙げられるのが，児童生徒が英語学習に対して抱いている学習動機や学習観の違いです。

　児童生徒たちが何を目的に英語学習をしているかということや，英語学習に関してどのような価値観を抱いているかということなどを把握し，適切に考慮して言語活動を設計することは，エンゲージメントを喚起するために非常に重要であると考えられています（Lam et al., 2012; Mercer & Dörnyei, 2020）。

　それぞれの児童生徒が抱いている学習動機や学習観を把握することは簡単なことではありません。しかし，アンケート調査を行ったり，日々の児童生徒とのコミュニケーションの中から読み取ったりと，様々な方法を駆使しながら地道に学習動機や学習観を把握することは，児童生徒たちがさらに真剣に，そして夢中に学習に取り組むことにつながるでしょう。

2 外発的動機づけもエンゲージメント喚起の着火剤に

　一般的に学習の動機づけには，知的好奇心など，学習そのものが目的とな

る「内発的動機づけ」と，受験勉強に見られるような，学習を何らかの他の欲求を満たす手段とする「外発的動機づけ」に分けられます。外発的動機づけよりも，内発的動機づけの方がより好ましいと思われる場合もあるかもしれませんが，児童生徒を英語学習へと動機づけるためは，外発的動機づけを意識することも重要であると考えられています（林，2012; 速水，1995）。

　例えば，あるクラスにおいて多くの生徒が，「志望高校・大学合格のため，入試で役立つ英語知識を身につけたい」という外発的な学習動機を持っていることが把握できたとします。このようなクラスでは，英語学習そのものの楽しさや，英語によるコミュニケーションの楽しさを提示するだけでは，生徒たちのエンゲージメントは喚起されない恐れがあります。そこで，授業で身につく知識やスキルが入試においてどう役に立つか丁寧に説明すれば，外発的動機づけがいわば「着火剤」となり，生徒のエンゲージメントをより強力に喚起できる可能性があります。

3 学習動機や学習観の変容はエンゲージメント喚起のチャンス

　児童生徒が何かをきっかけに，急に英語学習にやる気になったり，クラスの雰囲気が変わったりしたということを経験したことはないでしょうか。例えば，海外姉妹校生徒との国際交流をきっかけに，多くの生徒が英語によるコミュニケーションに動機づけられるようになる，というのはよくある話かもしれません。理由として，英語による国際交流という極めてインパクトが強い経験を通し，児童生徒が持つ英語学習に関する学習観が変容したことが考えられます。このように，児童生徒の学習動機や学習観は変化しうるものなので，エンゲージメントの喚起を期待しながら，学習動機や学習観の変容を促す仕掛けを設けていくことが重要です。

＼ ポイント ／

　児童生徒は英語学習に関して様々な学習動機や学習観を有しており，その変容がエンゲージメントを喚起しうることを意識することが重要です。

Chapter 3　エンゲージメントを喚起する指導アイデア　65

行動的 EG ｜ 認知的 EG ｜ 感情的 EG ｜ 社会的 EG

8. エンゲージングな教室を
　　五感で演出する

1 英語を全身で学習

　児童生徒が夢中になっている授業風景として，彼らが賑やかに動きながら
活動する姿を思い浮かべる方も多いと思います。エネルギーに溢れる多感な
児童生徒たちが，五感を用いて全身で英語を学ぶことでエンゲージメントが
促進されるのは，ごく自然なことかもしれません。全身で英語を学習するこ
との高い学習効果に注目している教授法の中の一つに，TPR（Total
Physical Response）があります。TPR では，言語はまずリスニングを通し
て教えられるべきで，そしてリスニング力は身体の動きを通して伸ばすべき
であるとされています（Asher, 2009）。命令文の前に "Simon says" をつ
けた時だけその命令に反応する言語活動などは，TPR に基づいている活動
のよい例でしょう。

2 音楽を使用したエンゲージメントの促進

　児童生徒の五感を活用した英語活動として，英語圏の音楽を活用する活動
を実践している方も多いと思います。英語で歌を歌ったり，歌に合わせて体
を動かしたり踊ったりする活動は，多くの児童生徒にとって夢中になれる活
動でしょう。また，児童生徒に歌わせる代わりに，単に活動中の BGM とし
て流すだけでも，彼らをリラックスさせるなど，音楽は言語習得に役立つも
のであるといわれています（村野井，2006）。児童生徒の特性や活動の内容，
そして音楽の種類を考慮する必要はありますが，音楽の力を借りることによ

り，児童生徒たちを盛り上げたり，落ち着かせたりと，彼らの行動的・感情的エンゲージメントをより促進することも可能でしょう。

3 五感を刺激して教室を外国に

　海外姉妹校交流や海外修学旅行などで，現地で児童生徒たちが急に積極的に英語を使うようになった，という経験はないでしょうか。これには様々な要因が考えられますが，外国を旅するという非日常感は，間違いなく児童生徒のエンゲージメントを促進する重要な要素でしょう。

　このような非日常感は，外国に行かなくても教室内で演出することが可能です。例えば，空港での手続きや出国検査などの英語によるロールプレイを行う際に，プロジェクターで空港内の映像を投影し，空港の雑踏の音を流すだけで，児童生徒は一気にその気になるでしょう。また，教育目的ではない実物である Authentic Material の使用も，教室を非日常にし，生徒のエンゲージメントを高めるために有効です。どんな些細な商品であったとしても，児童生徒はその見た目，におい，味，感触から異文化を感じます。近年では，外国の広告などの資料を読み取らせる活動が増えていますが，その際も，もし可能であれば，児童生徒に本物の資料を手に取らせ，その紙の感触や匂いから，異文化を感じさせるのがよいでしょう。

Authentic Material の例

\\ ポイント //
教室をよりエンゲージングな空間にするために，児童生徒に実際の外国のものを触らせたり聞かせたりして，五感を刺激することが効果的です。

行動的 EG ｜ 認知的 EG ｜ 感情的 EG ｜ 社会的 EG

9. タスクの「つかみ」を重視し，
　　児童生徒の参加を促す

1 授業の最初の数分間がエンゲージメント促進のカギ

　商品などの営業トークを受ける時，最初の数分間の説明に惹きつけられて
しまい，そのままトークを興味深く聞きつづけ商品を購入した，なんていう
経験はないでしょうか。この最初の数分間が勝負，ということは授業におい
ても同様です。単元もしくは授業の冒頭で児童生徒を学習に動機づけ，「何
か面白いことや大切なことが始まる」という期待感を持たせるために，児童
生徒が強く印象づけられる方法で活動を紹介することが重要です（Dörnyei,
2001）。教師の熱意あるトークにより強烈な印象を与えることもできるかも
しれませんが，児童生徒が驚きや強い興味を示しそうな動画や画像を冒頭で
提示することは非常に効果的です。近年では，教科書や指導書にそのような
動画や画像が付属資料として添付してあることも多いので，積極的に活用す
るべきでしょう。

2 効果的なタスクセットアップにより学習の見通しを持たせる

　活動を開始する段階のことは「タスクセットアップ」とも呼ばれますが，
Mercer and Dörnyei（2020）は，効果的なタスクセットアップにより，学
習者が見通しを持って学習に取り組むことが促され，エンゲージメントを喚
起することができると述べています。タスクセットアップは簡潔にわかりや
すく行うことが鉄則です。そのためには，教師が口頭で説明したり，手順を

板書したりするのではなく，教師が活動を実演しモデルを示すことが有効です。インフォメーションギャップ活動など，複雑な手順を理解しなければならないペア活動やグループ活動などを行う際は，参加するすべての児童生徒が手順を理解し，見通しを持って行うことができなければ，活動が途中で空中分解してしまうかもしれません。活動のはじめに教師と何人かの児童生徒で，楽しい雰囲気で活動のモデルを示すことができれば，彼らは自信を持って活動を始められ，エンゲージメントを高めることができるでしょう。

3 有能感を高めるための確かな成功体験

　タスクセットアップを通して，児童生徒を動機づけながら見通しを持たせ，彼らのエンゲージメントを喚起するための効果的な手立ての一つが，各単元の導入時に「単元を貫く問い」を設定することです。単元を貫く問いとは，児童生徒が単元を通して考え深めていくような本質的な問いで（広島県教育委員会，2023），同様の概念としてBig questionという語が用いられることもあります（山本，2017）。

　例えば，ロボットやAIといった先端技術がテーマになっている単元においては，"Will AI change our world?" といった，答えがおそらく一つとなるような問いではなく，"What job will be replaced by AI in the future?" といった，生徒がハッとするような，本質的で考えさせられるような問いが単元を貫く問いとしてはより相応しいでしょう。単元の冒頭で，このような発問をすることができれば，単元の学習に対する児童生徒のエンゲージメントを一気に高めることができるのではないでしょうか。

\\ ポイント //

　授業の冒頭では，視覚教材を用いたり，モデルを示したりするなどして，児童生徒を学習へと動機づけ，学習への見通しを持たせることが重要です。

行動的 EG ｜ 認知的 EG ｜ 感情的 EG ｜ 社会的 EG

10. 児童生徒を学習の主人公にする

1 児童生徒が主人公となる舞台をつくる

　教師が教科書の重要ポイントをひたすら板書し，児童生徒はそれを集中してノートに書き写す。昔からよくあるこの光景は，エンゲージングな授業の悪い例というわけではなく，行動的・認知的エンゲージメントが高められているよい例ともいえるでしょう。また，教師が巧みに英語でプレゼンテーションをしながら，バラエティー番組の MC のように次々と活動を回していくような授業も，行動的・認知的エンゲージメントが高まる授業であるといえます。ただ，これらの授業に共通していることは，いずれも教師が授業の主人公になっているということです。もちろん，教師が主人公になる場面も重要ですが，時には教師ではなく児童生徒が主人公になることで，よりエンゲージングな授業にできるでしょう。児童生徒を主人公にするためには，児童生徒による発話時間を増やしたり，より体験的な活動を取り入れて行動を活性化させたりして，児童生徒による教室への「積極的関与」を増やしていくことが重要です（Mercer & Dörnyei, 2020）。

2 児童生徒の「本音」を引き出す

　児童生徒に英語で自己表現をさせる際は，コミュニケーションを行う目的や場面，状況を設定することが重要であることが，それぞれの校種の学習指導要領において繰り返し述べられています。このような考えのもと，旅行や会議など任意の場面によるロールプレイ形式の活動が，様々な英語教科書で

も多く見られます。このようなロールプレイ活動は，確かに児童生徒の英語による発話を引き出すために効果的な方法です。しかし一方で，与えられた状況で何かになりきるのではなく，自分自身の本当の考えや気持ちを話させることにより，児童生徒が持つ「本当の気持ちを伝え合いたい」という気持ちをより引き出すことができます（山田，2018）。このように，あえて場面や状況を設定しすぎないようにすることで，感情的・社会的エンゲージメントを高めながら，児童生徒を学習内容により本音で没頭させることができます。

3 学習内容を児童生徒に自らで選択させる

エンゲージメント促進のための理論として援用されることの多い「自己決定理論」（Deci & Ryan, 2002）によると，学習者をより内発的に学習に動機づけるためには，自己の行動を自分自身で決めることに対する欲求である「自律性」の欲求を満たすことが重要とされています。通常の英語授業では，個々の生徒が異なる学習課題に取り組むという場面はつくりにくいかもしれません。しかし，夏季休業など長期休業中の学習課題などであれば，興味関心，習熟度，目的に応じて，自らで学習課題を選ばせることも可能でしょう。

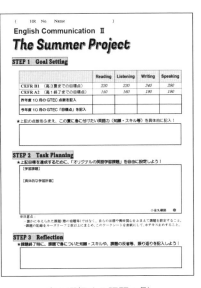

自ら選択する課題の例

\\ ポイント //

児童生徒の本音を引き出す工夫をしたり，学習内容の選択に関与させたりして，彼らによる教室への積極的関与を増やしていくことが重要です。

Chapter 4

エンゲージメントを
維持する
指導アイデア

行動的 EG ｜ 認知的 EG ｜ 感情的 EG ｜ 社会的 EG

1. ゲームの要素を取り入れる

1 ゲームの要素を学習に取り入れる

　Ch.1 において，学習にゲームの要素を取り入れることは，学習への動機づけを高め，児童生徒の行動的エンゲージメントを高める上で重要な要素であると紹介されています。

　外国語の学習に限ったことではありませんが，ゲームの要素を学習に採り入れることで，児童生徒が楽しみながら活動したり，必要に応じて仲間と協力したりしながら活動する様子は，みなさんの教室でも見られる光景ではないでしょうか。

　また，現在では1人1台端末が普及したこともあり，Ch.1 で紹介されているようなオンラインクイズやオンライン共有プラットフォームを授業で活用することも，以前に比べて容易になっていると感じています。

2 小学校外国語教育におけるゲーム活動

　小学校第3学年から開始される外国語活動で用いられている共通教材『Let's Try!』（文部科学省作成）を見てみると，おはじきゲームやポインティング・ゲームなど，ゲームの要素を採り入れた活動が設定されています。また，クイズ形式の活動も複数見られます。

　このように，外国語学習の入門期となる小学校では，ゲームの要素を採り入れた活動は馴染みのあるものとなっており，意欲的に活動に取り組む児童の姿も多く見られます。

一方で，発達段階によっては，児童生徒がゲームの勝ち負けのみにこだわってしまったり，ゲームに夢中になるあまり英語を使わずに活動を進めようとしたりする姿が見られることもあります。

　ゲームに勝つことやゲームを楽しむことだけが目的になってしまわないよう，どのような目的で，どのようなゲームの要素を学習に採り入れるのかについては，児童生徒の実態に応じて検討・決定する必要があります。

３ ゲームの要素を含むオンライン学習ツールの活用

　多くの児童生徒にとって，デジタル・テクノロジーの活用は身近なものとなりつつあるのではないでしょうか。教育の分野においても，ゲームの要素を採り入れたオンライン学習ツールの活用やその効果に関して複数の報告がなされており，即時的なフィードバックが容易であったり，参加者同士のインタラクションを促進したりするなど，デジタル・テクノロジーを活用することで，より効果的な学習を実現できる可能性が示されています（例えば，山内，2017）。

　学習内容の習熟を図るなど，目的を明確にしたオンライン学習ツールの活用は，児童生徒の行動的エンゲージメントの向上やエンゲージメントの維持に役立ちます。

Chapter 4

＼ ポイント ／

　ゲームの要素を学習に採り入れることで，児童生徒の積極的な授業への関与を促したり，行動的エンゲージメントを高めたりすることができます。

Chapter 4　エンゲージメントを維持する指導アイデア　75

行動的 EG ｜ 認知的 EG ｜ 感情的 EG ｜ 社会的 EG

2. 関心を引きつけ，興味を喚起する

1 児童生徒の関心を引きつける

Mercer and Dörnyei（2020）は，学習者の注意の重要性を強調し，「真に注意が向けられている状態」は，「そのタスクに取り組みたいという感情の投入」と「学習者自身の積極的関与が同時進行している状態」であると述べています。また，学習者の注意を維持する最も簡単な方法として「関心を引く」ことを挙げています。

Ch.1 では，児童生徒の興味や感情的な結びつきを深める活動として，流行りの英語の曲の歌詞や自身の将来の夢に関連する活動を授業に取り入れることが紹介されていました。みなさんの身近にいる児童生徒は，どのようなタスクであれば関心を持ち，取り組みたいという思いを高めるでしょうか。

2 児童生徒の関心を探る

児童生徒がどのような事柄に関心を持っているかについて知ることは，関心を引きつける活動をデザインする際の大きなヒントになりそうです。児童生徒が好きなことや得意なこと，話題になっていることなど，様々な視点から児童生徒の関心を探ってみることで，教師が思いもしなかった関心事が見つかるかもしれません。また，関心を持つ事柄は，時とともに変化していくこともあるでしょう。それらの中で，学習内容との親和性が高い題材を見極め，適切に学習に採り入れることができれば，児童生徒の関心を引くことにつながります。

3 多様な教具を活用する

　デジタル・テクノロジーの活用が進み，授業においても従来の教科書やワークシート，絵本，音声・動画教材に加え，学習者用デジタル教科書やオンライン学習ツールなど，多様な教具を使用することが可能になりつつあります。これらを児童生徒の実態に応じて効果的に授業に採り入れることで，彼らの関心を引きやすくなります。

　また，様々な教具を児童生徒自身も使用することができるようになったことで，教師を中心とした全体での一斉学習だけでなく，それぞれが今の自分に必要であると考える学習を，個々に選択して進めるような個別学習も可能になってきています（下の写真参照）。

　このように，学習内容や学習方法，教材・教具などに少しの工夫を加えることを続けていくことが，児童生徒の関心を引き出し，興味を喚起することにつながっていくのです。

学習者用デジタル教科書を使った個別学習

\\ ポイント //

　児童生徒の興味関心を把握し，それらを活かした活動をデザインすることが彼らの関心を引き出し，興味を喚起することにつながります。

行動的 EG ｜ 認知的 EG ｜ 感情的 EG ｜ 社会的 EG

3. 帯活動（見通し・Baby step）を実施する

1 「見通し」でメタ認知の強化

　児童生徒のエンゲージメントには，彼ら自身が「見通し」を持ち，取り組めることが必要です。彼らに見通しを持たせるには，

　□何をするのか

　□どのようにするのか

　□何のためにするのか

　□どこまでできたらいいのか（パフォーマンスの基準）

などの視点を示し，ゴールの姿を視覚化できるよう仕掛けます。

　ゴールがイメージできると，到達までのプロセスの自分の姿を内省し，俯瞰できるようになります。「鷹の目」「虫の目」をご存じでしょうか。高い位置から俯瞰的に全体を見る「鷹の目」と，複眼で近づいて様々な角度から物事を見る「虫の目」を身につけることが大切です。

　マクロ（鷹の目）とミクロ（虫の目）の両方の見方ができるようになると，さらに客観視する力，すなわち「メタ認知力」の強化につながるのです。自分が何がわかっていて何がわかっていないのかという自分の状況把握がエンゲージメント維持には不可欠です。

2 見通す力をつける「視覚化」と「パターン化」

　児童生徒に見通しを持たせるために必要なことは，「視覚化」と「パターン化」です。

まず，視覚化に関しては，映像や作品などの具体物を視覚的に提示することが最もイメージしやすいかもしれません。Realia を活用することが，視覚化として有効です。児童生徒にとっての到達目標を明確化することにもつながります。

　パターン化については，授業の流れを揃えたり，行う活動を毎回固定する帯活動を行ったりすることが有効です。流れや内容が揃っていることは，次に何が行われるかがわかっていることで，安心感を持って取り組むことにつながります。順番を変えたり，活動の難易度を上げたり下げたりすることで，マンネリ化を避けることができます。

3　大きな成長につながる Baby step

　"Baby steps to Giant strides."（小さな一歩が大きな成長につながる）の諺に象徴されるように，エンゲージメント維持には"Baby step"の視点が必要です。Baby step とは，小さな一歩を積み重ね，大きなゴールに近づき達成することです。

　山登りに喩えると，一気に頂上まで到達しようとすると，道のりが長く気が遠くなり，道半ばで諦めそうになってしまうことがありませんか。しかし，まずは三合目，次は五合目など，途中に小さなゴールを設定したらどうでしょう。小さなゴールを達成したら，途端に次の道のりへのやる気が湧いてきたという経験をされた方は一人ではないはずです。

　ゴールへのタスクを細分化し小さなタスクをクリアさせていくことは，それを繰り返すことで得られる達成感の積み重ねによって，エンゲージメントの維持・向上につながります。

\\ ポイント //

　継続して行う Baby step を踏んだ帯活動が，児童生徒のエンゲージメント維持の原動力になります。

Chapter 4　エンゲージメントを維持する指導アイデア　79

行動的 EG ｜ 認知的 EG ｜ 感情的 EG ｜ 社会的 EG

4. ゴールと評価規準を明確化する （バックワード・デザイン）

1 明確なゴール設定

　明確なゴール設定は，児童生徒に見通しを持たせ，エンゲージメント喚起と維持につながり，結果を出しやすくする効果があります。

　エンゲージメントの維持には，教師が明確なゴールを生徒に示し，そのゴールを実現させるための活動が授業の中に組み込まれていることが必要です。年度当初に作成するシラバスと CAN-DO リストは，「育てたい児童生徒像」と「身につけさせたい力」に基づいて，到達目標と何ができればよいのかを彼らと共有する目安になります。

> 　「人間の脳には志向性があり，明確な目標を設定すると，無意識に目標達成に向かうようになる」（サイコ・サイバネティクス理論）(Maltz, 2016)

と言われています。

　人間は一度目標を持つと，その目標を意識する・しないにかかわらず，その目標へ向かって行動するようになるのです。したがって，学校の教育活動の様々な場面で，目標を持たせることで，見通しが生まれることが，主体的に学んでいく一助となります。

2 指導の道筋をつける評価規準

　「評価規準」とは，「観点別学習状況の評価を的確に行うため，学習指導要

領に示す目標の実現の状況を判断するよりどころを表現したもの」を指します（国立教育政策研究所，2020）。

つまり，「最終的に目指すべきもの」であるゴールの姿が評価規準です。それは，児童生徒の実態をふまえたものであることが不可欠です。ちなみに，評価規準に到達するために細分化した目安となる項目が評価基準になります。評価規準が明確になると，どのように指導すればよいのかという指導の具体が見えてきます。教師の指導の道筋がクリアになることが，児童生徒の学びの主体性を育むことにつながります。

③ 真のバックワード・デザイン

「バックワード・デザイン」は，逆向き設計とも言われるように，授業や児童生徒が到達すべき最終目標をはじめに設定し，そこに向かっていくにはどう迫ればいいのかを構想していくことです。授業で行う最後の言語活動から逆算して行うことではありません。

教師が「育てたい児童生徒像」や「身につけさせたい力」から，児童生徒に「何」を，「どのように」指導していくかをデザインするのが，真のバックワード・デザインです。

児童生徒が，設定された言語活動の目的・場面・状況等を理解し，目標達成に向けてコミュニケーションを図っていくことができるように仕組むことで，授業の中で布石（仕掛け）を打ちながら授業デザインをしていくことができるようになります。このような教師の試みが，児童生徒のエンゲージメント喚起と維持につながります。

＼ ポイント ／

「育てたい児童生徒像」と「身につけさせたい力」を明確にしたバックワード・デザインによる授業構想が，児童生徒のエンゲージメント維持に不可欠です。

Chapter 4　エンゲージメントを維持する指導アイデア　81

行動的 EG ┃ 認知的 EG ┃ 感情的 EG ┃ 社会的 EG

5. フィードバックや中間評価を活用する

1 自分自身を俯瞰する自己フィードバック

　効果的なフィードバックは，効果的な学習を促進させます。回数が増えれば増えるほど，児童生徒にとっては自己更新を実感できる機会となります。ここでは，フィードバックを三つの視点で捉えます。まず，自己フィードバックです。「進歩を実感できるようにするには，学習者が自分自身の進歩を自己評価する方法を知っておくことが最も重要だ」（Mercer & Dörnyei, 2020）と言われるように，自己フィードバックは児童生徒に大きな影響を与え，次の三つの効果を期待することができます。

　　□自分を客観的に分析する力
　　□聴き手の立場に立ち評価する力
　　□学習意欲の向上

2 対話を促す他者からのフィードバック

　二つ目は，ピアフィードバックです。個人で完結するのではなく，教室の仲間同士で，お互いの改善点を伝え合うことです。心理的安全性が保たれている教室集団であれば，以下の効果が考えられます。

　　□よりよい協働性を育むことができる
　　□チームワークが向上する
　　□集団凝集性を高めることができる
　　□両者に気づく場をつくり出すことができる

三つ目は，教師からのプロセスフィードバックです。Mercer and Dörnyei（2020）では，学習者が正しい方向で前進し，進歩と達成感を感じながら学び続けられるようにするために，コメント（フィードバック）は慎重かつ確かな情報に基づいて行うことが重要だとされています。

３ メンタリングを活用した中間評価

　フィードバックのタイミングは，活動後や授業後だけとは限りません。成果物であるパフォーマンスやライティングを仕上げる途中に入れるフィードバックが，「中間評価」です。そこで「メンタリング」を活用してはいかがでしょうか。

　メンタリングは，「人材育成方法の一つで，育成者（メンター）が，被育成者（メンティー）と一対一の関係性を結び，対話やモデルを示すことによって，メンティーの成長を促す方法」（中嶋，2023）のことです。

　このようなピアフィードバックを活用することで，学びの質が激変します。仲間からの評価と，成果物からの気づきが引き金となり，児童生徒の夢中を引き出します。常に児童生徒が主体となり，前向きに活動に取り組むことができるようになるのです。彼らだけに任せるのではなく，到達への見通しと修正点を示し，「もっとやってみたい」という気持ちを引き出すことが肝です。効果的な中間評価を行うためには，児童生徒の気づきを促す教師の声かけと，仲間との協働性を育む対話により，中間評価が効果を発揮します。

＼ ポイント ／

　教師の問いかけと仲間との対話がフィードバックの効果を高めます。自分の現在地と改善点を見極め，有効な「中間評価」がエンゲージメント維持につながります。

行動的 EG | 認知的 EG | 感情的 EG | 社会的 EG

6.「渇き」を感じるトレーニングを組み立てる

1 適度な認知負荷を与える

　言語的に日本語からはとても遠い英語を習得する上で，音読などのトレーニングを粘り強く行うことは非常に重要です。しかし，多くの場合，それらのトレーニングは一筋縄ではいかないだけではなく，児童生徒にとって単調で退屈になってしまいがちです。彼らが退屈せず，エンゲージメントを維持できるように，教師には学習者の様子を観察しながら，自分でも十分取り組めると感じられるが，努力しないと達成できない，適度な認知負荷を与えられるようにトレーニングを組み立てることが求められます（Bjork & Bjork, 2011; Mercer & Dörnyei, 2020）。

2 目的と手順を説明し，トレーニングのつながりを意識させる

　音読ひとつを例にとっても，すべてを一度に解決できるトレーニングは存在しません。それぞれの活動には異なる目的があり，得られる効果も様々です。したがって，最終的なゴールを念頭に置きつつ，児童生徒が活動の目的を明確に理解して取り組むことができるように，目的

活動の目的と手順を説明する

と手順を説明することは非常に大切です。

　また活動1ができたら活動2，それができたら活動3と，活動を小分けにして難易度を少しずつ上げるように組み立てていくとよいでしょう。例えば，英文を正確に発音できるように事前に英文に含まれる単語の発音を確認しておく，また口頭での英作文ができるようにするために前段階でRead & Look upに取り組むなど，目の前の活動が次の活動への準備になるように順序立てると，児童生徒はそれぞれの活動に意義と必要性を見出し，積極的に取り組んでくれるようになります。

３ 児童生徒が退屈しないよう「渇き」を感じさせる

　実際の教室では，児童生徒の様子を観察しながら，徐々に活動のレベルを上げていく必要があります。ここで全員が目標を達成するまで繰り返すことは誰も置いていかれないという安心感につながるかもしれませんが，すでに目標を達成している児童生徒にとっては刺激がなく，退屈な状態に陥ります。

　そこで，全体が7割ほどの達成度になった感触を得たら，一旦全体の活動を止め，次の活動を指示するとよいでしょう。そうすることで，次の活動内容の見通しが立つだけではなく，教室内の多くの児童生徒が新しい挑戦に臨むことになり，適度な認知負荷を感じることになります。また，次の段階の活動に挑戦してもうまくいかない場合は，一つ前の活動に戻って練習を重ねるように声かけすると，児童生徒がそれぞれの達成度に応じて必要な活動に取り組むことができるようになるでしょう。

　このように，活動を行う目的を理解し，努力の必要性を自覚してくれた時，児童生徒は「もっとやらなければいけない」という「渇き」を感じ，積極的にトレーニングに取り組んでくれるようになります。

\\ ポイント //

　児童生徒が「渇き」を感じてトレーニングをするようになるには，活動の目的を理解し，適度な認知負荷がかかるように組み立てることが大切です。

行動的 EG ｜ 認知的 EG ｜ 感情的 EG ｜ 社会的 EG

7. 児童生徒が自分で乗り越えられる 仕組みをつくる

1 「足場」をかけて自分で乗り越えさせる

　英語学習のプロセスで児童生徒が様々な壁にぶつかった時，彼らが自分の力で乗り越えられるように，教師にできる支援の一つが "Scaffolding" です。Scaffolding とは，児童生徒が自力だけでは到達できない目標へ届くように，教師が支援することを指します。例えば，漢字ドリルの学習では，モデルを見る，なぞる，点線を参考にバランスを確認して書く，何もない欄に書くなど，習熟度が上がるにつれて少しずつ足場を外していきます。

　英語学習においては，例えば英文を読む際に単語リストを配付して必要に応じて児童生徒が見返せるようにする，ピクチャーカードを用いてリテリングを行う際にカードを徐々に減らす（Ch.5-6を参照）など，課題を細かく分けて取り組みやすくし，徐々に支援を外すことで，児童生徒が自分で「できる」ようにしていくことが挙げられます。どのような支援をすれば児童生徒が目標を達成できるのかを考え，自力で乗り越えられるように段階的に足場をかけてみるとよいでしょう。

2 学び方の「スキル」を身につける支援をする

　児童生徒が学習にエンゲージする「意志」と同じくらい，彼ら自身がどのように学べばよいのかの「スキル」を身につけることは大切であり，いずれかが欠けてしまうと効果的に学ぶことは難しくなるとされています（Mercer & Dörnyei, 2020）。

児童生徒が自分に合った学び方を見つけることも大切ですが，特に初学者の場合，はじめは授業中に教師が効果的な学び方を提示し，教師が児童生徒と一緒にトレーニングを行い，効果を実感してもらいながら学び方を身につけるのがよいでしょう。ここで「できる」という実感を得られると，児童生徒は自学の際にも同じ方法を試してみようという気持ちが高まります。

　また学び方を教える際には，なぜそれを行うのか，ゴールと成果は何か，どのように行うのかの三点を児童生徒に理解してもらうことが重要です（Mercer & Dörnyei, 2020）。活動の目的と手順を具体的に説明し，よい例，悪い例の両方を示すことで，児童生徒は何を期待されているのかをより明確に理解できます。当然のことながら，特に悪い例を示す場合は彼らに不安を与えないよう，教師自身がやってみせる必要があります。

　上記のような説明は，一度行っただけでは決して定着しません。毎回の説明に長時間を割く必要はありませんが，折に触れ，何度も繰り返し伝えることが必要になります。

③ ICT を活用し，自分で学べる環境を整える

　児童生徒が個別の課題に向き合い，自分で学ぶことができる環境を整える（学習の個別化）ために，ICT を活用することは非常に効果的です。

　例えば，Google Classroom などのプラットフォームを活用し，児童生徒が文章や動画で学習の手順をいつでも確認できるようにしたり，音声ファイルを共有し，各自で何度でも練習できるようにすることが可能です。また Google フォームなどの自動採点テストや，Quizlet（フラッシュカードアプリ），ELSA Speak（発音矯正アプリ）などを活用し，ICT が持つ拡張性や柔軟性を活かしながら，彼らが自分で学べる環境を整えることができます。

＼ ポイント ／

　教師による Scaffolding と，児童生徒自身の学び方のスキルは，児童生徒が壁にぶつかった際に自分で乗り越えて学んでいくための両輪になります。

| 行動的 EG | 認知的 EG | 感情的 EG | 社会的 EG |

8. 自分の意見を言う場をつくる

1 身近なトピックについて意見を述べる機会をつくる

　どんな児童生徒でも，自分のことを理解してほしいという欲求を少なからず持っています。所属する集団の中で認められ，安心して自分の考えや感じたことを言葉にできることは，言語学習だけにかかわらず，児童生徒のエンゲージメント向上において極めて重要です（Edmondson, 2018）。

　授業中に自分の意見を述べる機会をつくるには，ディスカッション，ディベートなどのやり取りや，プレゼンテーションなどの発表を行うとよいでしょう。はじめは大掛かりな活動でなく，内容をイメージしやすい身近な問い，例えば好きな食べ物や場所，季節，動物や趣味などについてペアや小グループで話す機会をつくるところから始めると負担感を減らせます。

2 英語で意見を言うための文章構成を身につける

　「自分の意見を言ってみよう」と児童生徒に声かけをしても，どのように話を展開すればよいのか迷う場合は少なくありません。このような場合，英語で意見を述べるための文章構成（PREP 法）を身につけるよう支援すると，自分の言いたいことを整理して話すことができるようになります。

　PREP 法とは，Point（主張），Reason（理由），Example/Evidence（例または根拠），Point（再主張）の頭文字をとったもので，この順に話を展開することで相手にわかりやすく意見を伝える手法です。この展開を使い，授業内で身近なトピックについてペアやグループで意見を言う練習をするとよい

でしょう。はじめは日本語で展開を練習しても構いません。例えば I think... because... や In my opinion, ..., For example, ... など意見を述べる際に活用できる言語材料を徐々に増やしながら，英語で言えるように練習させるのがよいでしょう。聴き手が話し手の意見を聴くことにエンゲージできるように，話された内容について，一つ質問をするように指示しておくと，互いが話す内容をより注意して聴くようになるだけではなく，やり取りが生まれ，発展的な活動につながります。

3 発言することへの心理的抵抗を下げる工夫をする

　児童生徒が自分の意見を自由に表現するためには，心理的に安全な環境づくり（Ch.2-7を参照）が重要です。異なる意見に対する尊重を促したり，批判的なコメントやネガティブな反応を避けるよう声かけしたり，発言することへの心理的抵抗を下げる工夫をしてみるとよいでしょう。例えば小グループでのディスカッションや，Think Pair Share のように，教師から出された問いに対してまず自分で考え（Think），次にペアでそれぞれが考えた答えについて話し合い（Pair），その内容を全体に共有する（Share）など，児童生徒が発言することへの抵抗を和らげる工夫をするとよいでしょう。意見を言ってくれた児童生徒に対して，クラス全体から拍手で称えることなども効果的です。

　また Slido や Mentimeter（リアルタイムアンケート），Padlet（オンライン掲示板），FigJam（オンラインホワイトボード）などのデジタルツールを活用すると，クラス全体の前で発言するよりも抵抗感なく自分の意見を表現できる場合があります。

＼ ポイント ／

　児童生徒が自分の意見を言えるようにするためには，安心できる環境づくりと表現や話を展開するスキルが大切です。デジタルツールも活用できます。

Chapter 4　エンゲージメントを維持する指導アイデア　89

行動的 EG ｜ **認知的 EG** ｜ 感情的 EG ｜ 社会的 EG

9. 児童生徒に適度な認知負荷を与える

1 認知負荷とは？

　認知負荷とは，児童生徒がタスクを行う上で情報を貯蔵したり，情報を処理したりする際に脳に生じる負担のことです（Sweller et al., 2011）。例えば，既習の英文を音読する活動に要する認知負荷は比較的低いですが，その英文を暗唱するということになれば，活動に要する認知負荷は高まります。さらに，英文を暗唱した後に即興でその英文の続きを英語で言うことにすると，活動に要する認知負荷は一気に高まります。また，児童生徒の習熟度や学習段階によって，同じ活動をするとしても，彼らが感じる認知負荷には個人差が当然あるでしょう。

2 「適度な」認知負荷とは？

　児童生徒がエンゲージメントを維持できる活動は，どの程度の認知負荷を要するものが多いでしょうか。あまりにも単純で認知負荷を要しない活動だと，多くの生徒は退屈してしまいます。逆にあまりに難しく高い認知負荷を要するものを与えると，児童生徒は取り組むことを諦めてしまうでしょう。やはり，活動の性質や児童生徒の個人差などを見極めながら，彼らにとって適度な認知負荷がある活動を実施することが，エンゲージメントを維持する上では重要です（Mercer & Dörnyei, 2020）。児童生徒を退屈させず，かつ諦めさせないためには，児童生徒の現在の力よりも適度に高いレベルの活動を実施するのがよいでしょう。第二言語習得理論においては，学習者の現在

のレベルよりも少しだけ高いレベルのインプットである comprehensible input を大量に受けることが重要とされており（Krashen, 1985），また，相手に理解されるように，より正確な発話にしようと努力して産出されるアウトプットである pushed output を促すことも重要とされています（Swain, 1985）。これら comprehensible input や pushed output の活用のように，適度な努力を生徒に促すことは，適度な認知負荷を与え，児童生徒のエンゲージメントを維持する方法のよい例でしょう。

3 認知負荷の「ものさし」を活用する

活動に要する認知負荷のものさしとして，Bloom（1956）が提唱した Taxonomy（下図）が参考になります。「記憶・理解・応用」などの低次思考力では要する認知負荷も低いのに対し，「分析・評価・創造」などの高次思考力では高い認知負荷が必要となります。この思考力の階層は，認知負荷の大きさを検討する上で大いに参考になるでしょう。

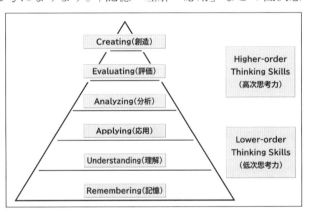

Bloom の Taxonomy（思考力分類学）

\\ ポイント //
エンゲージメントを効果的に維持するためには，適度な努力を促す活動を実施することで，適度な認知負荷を児童生徒に与えることが重要です。

行動的 EG ｜ 認知的 EG ｜ 感情的 EG ｜ 社会的 EG

10. 解答がない Argumentative な問いを設定する

1 探究的な学習でエンゲージメントを高める

　平成29年度告示の中学校学習指導要領では，日常生活や社会に生起する複雑な問題について，その本質を探って見極めようとする学習である「探究的な学習」を行うことが明記されました。このような探究的な学習は，主に総合的な学習（探究）の時間で行われますが，それだけではなく各教科の教育活動でも展開されることが想定されています。探究的な学習では，複合的な要素が入り組んでいるため解答が一つに定まらず，容易には解決に至らない問いを扱うことになりますが，このような学習では様々な形でエンゲージメントを効果的に喚起・維持できます。

2 解答がない問いで認知的エンゲージメントを促す

　各単元のまとめとして，学習した内容について英語で自らの意見を話したり書いたりすることは多いでしょう。その際，児童生徒が意見を持ちやすい身近な問いを設定するのもよいですが，容易には答えられない問いを設定することも，エンゲージメントを高めるために効果的な方法です。例えば，将来の夢が題材になっている単元の最後に，"Is a good academic background necessary to become happier in the future?" と投げかけてみるのはどうでしょうか。このような複雑な問いを投げかけた時は，すぐに意見を言わせたりペアで話し合わせたりするのではなく，是非一人で考えさせる時間を十分につくるのがよいでしょう。もしかしたら，クラス内に沈黙が流れるかもし

れません。

　児童生徒のエンゲージメントが高まっている活動として，児童生徒が次々に発言するような，高い行動的エンゲージメントが伴っている活動をまず想像する方が多いかもしれません。しかし，上記のような解答がない問いに対して，児童生徒が黙って考えるような活動も，児童生徒の認知的エンゲージメントが高まっている時間であり，もしかしたら賑やかな授業以上に，児童生徒のエンゲージメントに溢れている空間といえるかもしれません。

３ 解答のない問いについて英語で議論する

　児童生徒に，解答がない複雑な問いについて十分考えさせたら，英語でその問いについて議論や発表をさせるのがよいでしょう。自由に英語で意見を言わせるディスカッション形式，あるいは立場を決めて討論するディベート形式，またはあらかじめ用意した意見を発表するプレゼンテーション形式など様々な形式が考えられます。英語で議論することは，児童生徒の学年や習熟度によっては，非常に難しい活動です。原稿をあらかじめ作らせたり，発言のフォーマットを用意したり，必要に応じて日本語での発言も認めたりするなど，十分な支援（Scaffolding）を与えることが不可欠です。

　解答がない問いについて議論させる時は，無理して合意形成をさせたり，結論を導いたりする必要はないでしょう。あくまでも，議論の過程で，児童生徒の感情的・社会的エンゲージメントを喚起しながら，お互いの考えを理解させることが目的です。夢中に熱く議論をして，たとえお互いの意見が平行線をたどっても，最後にはお互いの考えを認め合い，お互いの考えから学び合う雰囲気を演出するのが重要です。

\\ ポイント //

　「解答がない問い」について深く考えさせ，議論をさせることにより，様々な形でエンゲージメントを喚起・維持させることができます。

Chapter 5

エンゲージメントを
高める
授業アイデア

| 小学校 | 中学校 | 高校 | 3年 |

1.「いくつかな？クイズ」を楽しもう

話すこと［やり取り］

1 授業のねらい

　本授業は，小学校3年生を対象とし，児童が数の言い方や，あるものがいくつあるか尋ねたり答えたりする表現に慣れ親しむことを目標にしています。数の言い方については，高学年であっても習熟に時間を要する様子が見られることもあるため，中学年段階から繰り返し表現に慣れ親しむことが有効です。

　児童が数えてみたいと思えるような題材をもとに，クイズ形式でやり取りを行うことで，児童のエンゲージメントを促すことを試みています。また，単元の最後に児童がオリジナルクイズを作り，友達と互いにクイズを出し合って楽しむ活動を設定することで，単元を通じたエンゲージメントの維持につなげます。

2 授業の流れとエンゲージメントを高める実践のポイント

(1) 児童にとって身近なものや写真をもとにクイズを出し，数やあるものが
　　いくつあるかを尋ねる表現と出合うことができるようにする

　児童の実態に応じ，数を数えてみたいと思えるようなものや写真を準備し，「いくつかな？クイズ」を通じて，数やいくつあるかを尋ねる表現への興味関心を高めるようにします。

　例えば，教師の持ち物や校内にある教具，学校で育てている野菜等の数を数えてみるのも一案です。

また，いくつまでの数を扱うかによっても題材が変わります。教師が数を尋ねたり，児童が数を答えたりする中で，日本語を英語に言い換えるなどして，児童が英語での数の言い方に出合うことができるようにします。
　児童の思いを高めた後，単元の終末には，児童自身が作ったクイズをみんなで楽しもうと伝えることで，興味関心をもって学習に取り組むことができるようにします。

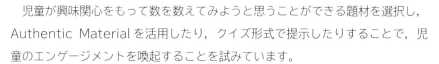

　児童が興味関心をもって数を数えてみようと思うことができる題材を選択し，Authentic Material を活用したり，クイズ形式で提示したりすることで，児童のエンゲージメントを喚起することを試みています。

(Ch.3-1〜5，9参照)

(2) クイズを通して繰り返し，あるものの数を尋ねたり答えたりすることができるようにする
　児童にとって身近なものを題材に，様々な形式のクイズを準備し，児童が楽しみながら表現に慣れ親しむことができるようにします。
　例えば，クイズの一案として，箱の中に入れたビー玉の数を，箱を振った音を聞いて予想した後，みんなで数えてみたり，端末を通じて配付された画像の中から，教師が尋ねるものの数を数えて答えてみたりするなどが考えられます。
　予想や答え合わせの過程で，楽しみながら繰り返し数を聞いたり言ったりすることを大切にします。

Engaging Practice のポイント

　数の言い方に慣れ親しむまでには，十分な時間が必要です。単調な繰り返しにならないよう，ゲーム的な要素を取り入れたり，自分の考えを伝えたりする機会

を大切にするなどしてエンゲージメントの維持につなげます。

(Ch.4-1, 2, 7, 8参照)

---

(3) 児童がオリジナルクイズを作り，友達とクイズを出し合う

　これまでの学習で取り組んだクイズを参考にしながら，各自がオリジナルクイズを作り，友達とクイズを出し合います。

　限られた時間を有効に活用するため，パソコンやタブレットなどを活用してクイズ用の写真を撮影することで作業時間を短縮し，児童同士がやり取りをする時間を確保します。

　また，クイズを通じて，友達の頑張りを認めたり，励ましたりするようなやり取りを促します。そして，出題するクイズの内容を変更したり，写真を撮り直したりして難易度を調整する姿なども全体で紹介し，目的・場面・状況に応じて児童が工夫しながら言語活動に取り組むことができるようにします。

Engaging Practice のポイント

　中間交流の機会を活かし，児童の工夫や頑張りを全体で共有することで，友達の姿からヒントを得て，各自の学びが広がったり深まったりすることを期待するとともに，社会的エンゲージメントの高まりにより，さらなる言語活動の充実につなげることを意図しています。

(Ch.4-5, 9参照)

＊クイズ用に提示する画像の例

学校園で育てている野菜

学級で使う文房具

教師の筆箱の中身

Chapter 5　エンゲージメントを高める授業アイデア　99

| 小学校 | 中学校 | 高校 | 6年 |

2. 夏休みにしたいことを伝え合おう

話すこと［やり取り］

1 授業のねらい

　本授業は，小学校6年生を対象とし，児童が夏休みにしたいことを伝え合うことを目標にしています。

　したいことを伝える表現については，行ってみたい国やその国でしたいことを伝える学習などで用いられることがあります。しかしながら，外国へ行ってしたいことについて，実感を伴ったイメージを持ちにくい児童もいます。

　そこで，本授業では，児童にとって身近な「夏休み」を題材にすることで，児童のエンゲージメントを喚起します。

　また，夏休みの過ごし方は児童によって様々であるため，友達が夏休みにどのようなことをしたいと考えているのかについて伝え合う活動を設定することで，単元を通じたエンゲージメントの維持にもつなげます。

2 授業の流れとエンゲージメントを高める実践のポイント

(1) 教師の夏休みにしたいことについての話を聞き，したいことについて伝える表現と出合うことができるようにする

　夏休み中に開催されるスポーツ大会や行事などの写真や映像を示しながら，教師が夏休みに観たいスポーツや楽しみたいことについて話すことで，したいことを伝える表現に興味を持って出合うことができるようにします。その際，どこかへ出掛けてみたいといったような特別なことでなく，テレビでスポーツ観戦をしたり，かき氷を食べてみたりしたいといった身近な例を挙げ

ることで，どの児童も考えを持ちやすくなると考えられます。

その後，教師が夏休みにしたいと思っていることを一覧にした Summer Wish List（p. 103参照）を示し，児童がどのようなことをしたいと思っているのかを尋ねることも一案です。

また，単元を通じて，児童が夏休みにしたいことを友達や教師と伝え合うことで，したいことを伝える様々な表現への習熟を図っていきます。

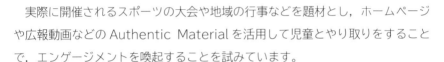
Engaging Practice のポイント

実際に開催されるスポーツの大会や地域の行事などを題材とし，ホームページや広報動画などの Authentic Material を活用して児童とやり取りをすることで，エンゲージメントを喚起することを試みています。

(Ch.2-2, Ch.3-1～5参照)

⑵ 同じことをしたいと思っている友達を見つける活動を通して，したいことを伝え合う表現への習熟を図る

夏休みにしたいこと（見たいもの・楽しみたいこと・食べたいもの・飲みたいものなど）を題材に，友達と伝え合う活動を通して，様々な表現を繰り返し聞いたり，言ったりすることができるようにします。一度に様々な表現を扱うと，難しさを感じる児童もいることが予想されます。そこで，見たいものや食べたいものなど，やり取りで扱う話題をその都度限定して段階的に活動を進めることも一案です。

また，中間交流などの時間を活用し，児童が伝えたかったけれど伝え方がわからなかった表現やもう一度確かめたい表現などを全体で共有することで，以後の活動に主体的に取り組むことができるよう支援します。

Engaging Practice のポイント

　児童の実態に応じて，中間交流を取り入れ，児童の困りごとを共有したり，表現を確認したりすることで，少しずつ自分で言えることが増えてきたという実感につなげ，エンゲージメントの維持を試みます。

(Ch.4-5, 7参照)

(3) 夏休みにしたいことについて友達と伝え合うことができるようにする
　単元を通じて習熟した表現を用いて，夏休みにしたいことについて友達と伝え合います。それぞれの友達がどのようなことをしたいと思っているのかについては，やり取りの後に端末のワークシートにメモしておくようにし（ワークシート例1参照），夏休み明けの学習にも活用できるようにします。

Engaging Practice のポイント

　(2)の段階では，話題を限定しながらやり取りをしましたが，ここでは「お互いのことをよりよく知る」ことを目的に，児童がこれまでの学習をもとに思考を働かせながらやり取りすることを意図しています。　　　　(Ch.4-8, 9参照)

(4) 夏休みにしたいことについて，友達と伝え合ったことをもとに Summer Wish List を作ることができるようにする
　本単元で自分が友達に伝えたことをもとに，Summer Wish List を作り（ワークシート例2参照），夏休み明けの学習（夏休みにしたことについて伝え合う学習）において，夏休みにしたかったことと実際にしたことを比べながら学習を進めることも一案です。本授業では，単元を通じて書き溜めた表現をワークシートに書き写し，それを写真撮影して端末に取り込み，端末上でイラストと組み合わせることで Summer Wish List を完成させます。

Engaging Practice のポイント

「書くこと」については，個人差が大きいため，表現を書き写す際には，書く分量を調整したり，四線上に見本を示したりしながら，どの児童も達成感を味わうことができるようにし，エンゲージメントの維持を試みます。

(Ch.4-6，7，9参照)

＊ワークシート例

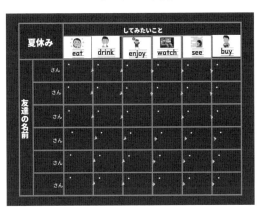

例1：授業支援アプリケーション（ロイロノート・スクール）を活用

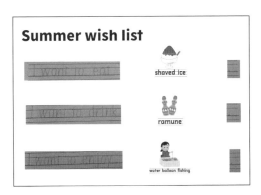

例2：Summer Wish List

| 小学校 | **中学校** | 高校 | 1年 |

3. Origami

話すこと［発表］

1 授業のねらい

　本授業では，日本の伝統文化として多くの人に親しまれてきた折り紙を取り上げています。折り紙は "ORIGAMI" として世界で認識されており，単なるものづくりにとどまらず，趣味・教育・リハビリ効果などの可能性から，海外においても愛好家たちに親しまれています。改めて自国文化のよさを知り，折り紙を通して自国文化のよさを世界に発信することができる題材です。

　加えて，言語材料で助動詞 can を取り扱うことから，単元タスクを CM づくりに設定しました。CM 作成を通してオリジナル商品を説明することで，ものの機能や働きについて表現する場面・状況が設定できます。テーマは「ありそうでないもの」です。相手意識を持たせるために，ターゲットを「日本に来た外国の方」と設定しました。ペアでの協働が生徒同士の心理的距離を縮め，互いの創造性を引き出し高め合うことで，エンゲージメントを促進します。

2 授業の流れとエンゲージメントを高める実践のポイント

(1)　CM の意義を問う

　まず，自分や他者が気になっていることをあぶり出すために，マンダラートとマッピングを用い，次の発問でスキーマの活性化を行います。

　"What do you want to do now?"

　"What are you interested in?"

"What can people do if they buy your product?"

これらの発問で，取り組みを自分ごととして捉えることがねらいです。CM作成では，伝えたい内容を受け取る相手を意識して，わかりやすく伝えることが必要です。これがコミュニケーションの土台です。CMをスキットレベルで終わらせないために，追い発問で深い思考を促します。

"Why do you need to make a creative CM about producing goods?"
"Why do TV commercials need to catch people's hearts?"
"What are the essential factors for making a creative CM?"

発問を通して，CMには自己関連性があるということ，そして自分ができそうにないことを叶えてくれるものだということに気づかせます。

Engaging Practice のポイント

生徒に身近なCMは，彼らにとってRealiaです。さらに追い発問で自分ごとに引き寄せることが，行動的エンゲージメントを促進します。

(Ch.3-3〜5，Ch.4-2参照)

(2) 協働性を育むために，ペアでCM台本を作成する

マンダラートとマッピングでブレインストーミングし，ペアでCMの原稿作成に入ります。「ソシオメトリー」という，集団の関係性を明らかにした上でペアリングを行うアンケートを活用し，支援が必要な生徒も意欲的に取り組むことができるようにします。

また，教師の支援としては仲間との関わりを大事にするために，足場かけを意識し，作成中の「ナッジ」（行動をそれとなく促す）で，粘り抜けるように支援を行います。仲間との互恵学習と，教師からのさり気ない足場かけが自信につながり，次のステップへの動機づけにつながるからです。

Engaging Practice のポイント ///

効果的なペアリングと適切な支援が，互恵学習とメンタリングを促進させます。生徒にその集団の中で受け入れられていると感じさせるきっかけになり，感情的・行動的エンゲージメントを促進させます。　（Ch.2-5, 6, Ch.3-5参照）

⑶ CM のパフォーマンス練習と交流を行う

原稿が完成したら，練習の中で，以下の点で相互交流の時間を設定します。

□内容面　①目的・場面・状況などの内容の適切性
　　　　　②CM のターゲットである相手意識があるか

□言語面　①使用英語表現の正確性
　　　　　②発音の正確性
　　　　　③構成面の適切性

生徒が最も関心を抱き，意欲的になるのは，仲間の作成物です。

見取り（交流）観点の提示は，生徒たちが到達すべき目標を示すことと同じです。自分たちのパフォーマンスを見る視点としても効力を発揮します。それらを押さえた上で行う相互交流には，他ペアのパフォーマンスを参考に改善できることや，自分たちの足りなさを埋めることができるメリットがあります。交流時の様子はタブレットで撮影し，交流後にパフォーマンスチェックもできるようにします。虫の目だけで近視眼的にならず，鷹の目で客観的に全体を見通すようにすると，他者目線で俯瞰して見る力を養うことができます。

Engaging Practice のポイント ///

目的・場面・状況と相手意識を明確にし，中間評価として集団内での相互交流を入れたことにより，感情的・行動的エンゲージメントを促します。fine-tune したい気持ちを醸成します。　（Ch.3-5, Ch.4-7参照）

⑷「できた！」「やりきった！」と感じさせる振り返りをする

　本課の最初に提示したゴールを達成させるために，自己更新できたかを振り返りで確認します。エンゲージメントを維持するには，把握した現在地から，中間評価を経由し，「何ができるようになったのか」と「これからのマイアクション」を言語化し，次につなげることが不可欠です。学びのスパイラルをつくり出すために，教師が個別に言語化したものを意味づけ（個別最適な学び），今後につながる道標を示すことが動機づけを高めます。

Engaging Practice のポイント

　自己更新を実感するには，言語化による振り返りが大切です。教師からの個別のフィードバックで，感情的・行動的エンゲージメントの促進を試みます。

（Ch.4-5，8参照）

＊ワークシート例

Chapter 5　エンゲージメントを高める授業アイデア　107

| 小学校 | **中学校** | 高校 | **2年** |

4. Castles and Canyons

書くこと

1 授業のねらい

　SDGsの17の目標から，生徒が課題意識を持つテーマを選びます。自分が持続可能な社会の担い手としてできることを言語化し，社会貢献につなげることを3月に目指す姿と設定します。それらを「○中アピール」として学校HPに掲載し，発信することが最終タスクです。そのタスクの達成に向かう中で，利他の心が育まれていくことを願い，日々生徒との関わりを行います。

　本授業では，ALTからの依頼に応える形でライティング活動に取り組みます。ICTツール（オクリンクなど）を用いて生徒にライティングさせ，その後書いたものに対し相互にコメントさせることを通して，自分の作品を客観視する視点を持たせます。仲間からの意見や考えに触れる中で，自分と他者の考えの違いに気づくことができます。また，多様な価値観を認めながら自分の考えを調整し，見直すとともに，自他の考えを統合し新しい考えを構築する力をつけることも可能です。タスクを含めた授業の活動を通して，自ら発話する（主体的な学び），相手の考えを聞き応じる（対話的な学び），単に自分の考えを伝えるだけでなく，相手の考えと比較したり新しい情報を加えて応じたりする（深い学び）力をつけることを目指します。

　内容面でRealiaを用い，自分ごととして捉えられるトピックを取り上げ，中間評価の場として相互交流を行い，協働する場面を設けることで，とりわけ支援を要する生徒へ寄り添った指導ができます。また，身近なALTの実際のリクエストに応えるという目的・場面・状況・相手を意識したタスクが，彼らの夢中を引き出しエンゲージメントの喚起・維持につながります。

2 授業の流れとエンゲージメントを高める実践のポイント

(1) Daily Conversation の内容から対話を広げる

帯活動の一つとして行います。挨拶後に生徒がチャットで話している内容から話題を選び，広げます。例えば，前の晩にしたことをレポートするペアワークにおいて，一人の生徒がアイスクリームを食べたことを話題にしたとしたら，追い発問で食べた味を尋ねます。クラスで人気の味を絞り，そこから上位4つについてペアで対話を行います。"Vanilla ice cream is more popular than matcha one." のように，既習事項を活用した英文を導き出すことにつなげます。

Engaging Practice のポイント

生徒を主体とした授業展開の中で，自然な対話の場面・状況をつくり出し，即興で言語化する一つのステップです。対話で生徒同士をつなぎ，Realia で動機を喚起し，行動的エンゲージメントの促進を目指します。

(Ch.2-3, Ch.3-4, Ch.4-3参照)

(2) Interview mapping で思考の広がりを促す

Interview mapping は帯活動の一つです。相手の発話をつながりを意識しながら，マッピングでメモを残し，情報と思考の整理をしていくものです。最初のペアで話したことを，次のペアではレポートします。最後のペアでは，レポートされた本人と話すので，話の内容の確認ができます。

「毎回やりたい！」とリクエストが出ます。活動中の生徒の声も大きくなります。「ワクワク」感を生み出し，自分の伸びを実感する活動です。

トピックは，生徒アンケートで決定します。それをカードにし，封筒の中に入れ，カードを選んで話し始めます。自分たちの声が反映されたトピックと，即興で考えを伝える醍醐味がやる気を刺激します。

Chapter 5　エンゲージメントを高める授業アイデア　109

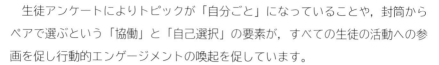

生徒アンケートによりトピックが「自分ごと」になっていることや，封筒からペアで選ぶという「協働」と「自己選択」の要素が，すべての生徒の活動への参画を促し行動的エンゲージメントの喚起を促しています。

(Ch.2-5, Ch.3-4, Ch.4-3参照)

⑶ ALTからのメッセージビデオで「ハッ」とさせる

　ALTからのビデオ視聴後，自分が考える「ALTのリクエストに応えた京都のオススメの景色」を，タブレットを使い伝える（書く）ことが言語活動です。日本と世界の景色や歴史上の建物などを扱った単元であり，翌週に京都へ行く修学旅行を控えているというタイミングの授業です。ALTのリクエストを「聞き取り，判断して，書く」という技能統合型の言語活動を設定します。単なる景色紹介や同じ景色に集中することを避けるために，「清水寺以外の」という条件を課します。例えば，ALTのメッセージの中に，「清水寺に行ったことがあり，その景色に感激したこと。12月に訪れる時はそれ以外の素晴らしい景色を堪能したい」と加えることで，生徒たちにとって，単にALTに伝えるだけでない必要感のあるタスクに落とし込みます。さらに，「清水寺の景色より」の視点が入るため，自分のオススメの景色を際立たせるために，比較級や最上級を自然に使う状況を生み出すことができるという布石にもなっています。以下が視聴前後の流れです。

❶ビデオ前に視聴のポイントを知り，視聴後にグループで確認をする。
❷全体でポイント（ALTへの返事・清水寺以外の景色など）を確認する。
❸マッピングを行う。
❹メッセージへの返信を書く（オクリンクに打ち込み，写真も入れる）。
❺できたら提出ボックスに送信する。

Engaging Practice のポイント

ALTからのリクエストに応えることが，アウトプットへのエンゲージメント喚起となり，また，他者への貢献という人としての「必要感」と「自分ごと」として捉えることが，エンゲージメント強化となります。

(Ch.2-5，Ch.3-4，5参照)

⑷クラスシェアによる中間評価で加筆修正し fine-tune を行う

タブレットに向かいメッセージを作成することは，生徒の夢中を引き出します。オクリンクで書いたものを一斉提示し，内容に関するコメントや質問の書き込みを行います。これを中間評価として，その後さらに推敲し，加筆修正を行っていきます。自分だけでなく，他者の視点が入ることで，内容も形式もより洗練されたものになります。

完成したオススメ景色のライティングすべてに，ALTが返事を書きます。

レビューシート例

Engaging Practice のポイント

クラスで協働してお互いの書いたものを見合うという他者目線を入れることが，メタ認知強化となり，fine-tune する気持ちに火をつけるエンゲージメント喚起と維持を仕組んでいます。 (Ch.2-9，Ch.3-4，Ch.4-5参照)

| 小学校 | **中学校** | 高校 | **3年** |

5. Be an actor!

話すこと［発表］

1 授業のねらい

　登場人物になりきって実際の会話を演じるロールプレイは，生徒たちが楽しみながら積極的に参加してくれる活動の一つです（Ch.3-6参照）。特に会話文の題材が非常に多い中学校の教科書を用いて授業をする際には，自然な表現を定着させる上でも効果的な活動になるでしょう。

　しかし，いざ授業でロールプレイを練習し，クラスの前で発表してもらおうとしても，なかなか盛り上がらないという経験をされた先生方も少なくないのではないでしょうか。全く同じダイアローグをグループごとに演じると退屈になりがちな上に，発表順が後ろになるほど生徒にプレッシャーがかかってしまいます。またグループ間の言語面での完成度が顕著に表れてしまうため，どのグループが上手だったという不要な他者比較が生まれかねません。

　そこでここでは中学校3年生を対象に行った，グループごとに異なるダイアローグを練習し，ロールプレイを行う授業を紹介します。この授業ではVOA Learning English（https://learningenglish.voanews.com）が提供しているEnglish in a Minuteを教材として取り上げ，ICTを活用して生徒が学び方を習得することを目的としています。

2 授業の流れとエンゲージメントを高める実践のポイント

(1) 語彙のハードルを下げ，動画を視聴する

　English in a Minuteから任意の動画を一つ選び，授業の最初にウォーム

112

アップとして，動画で話される言葉の中で，生徒がつまずきそうな語彙の意味を確認します。生徒の一人にスクリーンが見えないように立ってもらい，教師が投影した単語について他の生徒からヒントを与え，意味を当ててもらうなど，生徒間のコミュニケーションが発生するゲームが効果的です。語彙の導入が終わった段階で，動画を流し，視聴します。必要に応じて，2〜3回程度繰り返しても構いません。

Engaging Practice のポイント

生徒が内容を理解できるよう，キーワードや表現をあらかじめ導入しておくとスムーズです。必要に応じて足場をかけるとよいでしょう。　　（Ch.4-7参照）

(2) トレーニングの方法を一緒に学ぶ

次に生徒に動画のスクリプトを配付し，内容を確認したら音読練習に移ります。この段階では，生徒がスクリプトを正確に発音できるようにすることを目指します。発音や抑揚のつけ方など，どのように練習すれば上達できるかを，スモールステップで体験しながら習得してもらいます（Ch.4-6，7参照）。

トレーニングの方法が理解できたら，Google Classroom などのプラットフォームに動画のリンクを配信しておき，生徒が各自のペースで動画を見ながら音読練習をする時間をつくります。余裕のある生徒には，スクリプトを見ずに暗唱できるように声かけをすることが重要です。その間，教師は教室を巡視し，必要に応じて生徒の音読を支援します。

Engaging Practice のポイント

生徒自身が学び方のスキルを獲得することは非常に大切です。ICT を活用し，それぞれが個別練習に取り組める環境を整えるとよいでしょう。

（Ch.4-6，7参照）

(3) グループごとに動画を選び，ロールプレイの練習をする

　3〜4人程度のグループに分け，グループごとに English in a Minute の中から好きな動画を一つ選び，ロールプレイの発表に向けて練習を行います。こちらの動画では，動画内にスクリプトが表示されるので，単語や文の意味がわからない場合は各自で DeepL などのオンライン翻訳サービスを使って意味を確認するようにし，それでもわからない場合は教師に質問するよう指示します。

Engaging Practice のポイント

　グループごとに作業に取り組む場合，どうすれば自分たちで困難を乗り越えられるか，効果的な学び方を理解しておくことが大切です。　　　　（Ch.4-7参照）

(4) グループごとに 1 Minute Role Play の発表を行う

　グループごとにロールプレイの発表を行います。評価基準には言語面だけではなく，ボディーランゲージを含めて内容を表現すること，グループ内での均等な役割分担，難しい語彙や表現がある場合はカードを作成するなど，登場人物になりきりながら，聴衆を意識してわかりやすく伝えているかを含め，生徒にはあらかじめ伝えておきます。また，生徒が他グループの発表にエンゲージできるよう，発表の際に主に内容面について相互評価をするように指示をします。

Engaging Practice のポイント

　流暢さだけでなく，生徒がいかに活動に没頭しているかを表現の様子から見取りましょう。また，発表活動を行う際は心理的安全性が大切です。

（Ch.2-7，Ch.3-6参照）

＊ワークシート例

Be an Actor!

プロの俳優になりきって，ロールプレイをしてみよう！

【手順】

1．English in a Minute から，好きな動画を一つ選ぶ。
2．Google ドキュメントに動画のスクリプトを転記する。
3．スクリプトの意味を確認する。※わからない場合は質問してください。
4．割り当てを決め，動画を見ながら各自で練習する。ボディーランゲージや表情を豊かにしよう！
5．グループでロールプレイを練習する。
6．代表者が動画を撮影し，Google Classroom で提出する。
7．クラスで実際に発表する。

【ロールプレイの評価基準】

1　英語の正確さと流暢さ

1.0　判断材料なし
1.1　スクリプトを見ながら英語を話している
1.2　スクリプトを見ずに英語を話している
1.3　スクリプトを見ず，正確かつ流暢に発音している

3　役割分担の公平性

3.0　判断材料なし
3.1　メンバー一人ひとりに役割を与えている
3.2　メンバー全員が公平に役割を果たしている

2　ボディーランゲージや表情などの表現

2.0　判断材料なし
2.1　聴衆の方を向いている
2.2　ボディーランゲージを含めている
2.3　内容を伝えるために表情や表現のトーンを調整している

4　わかりやすく伝える工夫

4.0　判断材料なし
4.1　動画の通りに発表している
4.2　わかりにくい表現を強調している
4.3　聞き手が内容を理解できるように工夫している

Chapter 5　エンゲージメントを高める授業アイデア　115

| 小学校 | **中学校** | 高校 | **3年** |

6. Understanding Global Problems

書くこと・話すこと［発表］

1 授業のねらい

　この授業のねらいは，社会問題に対する生徒の自己関連性を引き出し，関心を掻き立てることで，題材に没頭し，積極的に学習してもらうことにあります（自己関連性については Ch.3–5を参照）。英語を学ぶ目的の一つは，学習を通じて視野を広げることで，世の中に溢れる諸問題に対して意見を持ち，どのようにすれば解決できるのかを考えることではないでしょうか。しかし，それらの問題について扱った英文を提示しても，生徒からはどこか「他人事」と捉えられてしまい，なかなか学習に没頭できないことがよくあります。

　そこで今回は中学校3年生を対象に，世界を悩ませる問題の一つである「水不足」を取り上げた授業をご紹介します。特に受験期の中学生には，まとまった量の英文を読み，理解することが求められる一方で，そのような英文は生徒にとってハードルが高くなってしまいがちです。どのように生徒のエンゲージメントを喚起し，維持すればよいのかについて考えてみます。

2 授業の流れとエンゲージメントを高める実践のポイント

⑴ 導入で生徒の自己関連性を引き出す

　はじめに，ウォームアップとしてオープン・クエスチョンを用いたペアワークを行います。生徒に「朝起きてから行ったこと」を問い，リレー形式で言い合った上で，全体に「みんなが必ず使ったものは何か？」と尋ね，本時のテーマである「水」を提示します。次に，題材に誘うためのコントローリ

ング・クエスチョンとして「我々が1日に使う水の量は？（答えは平均300L）」と問いかけ，題材への自己関連性を喚起します。最後に，題材と生徒をつなぐコネクティング・クエスチョンとして「地球には水が溢れているのに，水不足に陥るのはなぜか？」という問いを持って本文に導入します。

Engaging Practice のポイント ///

身近な話題や例で生徒の参加を促し，質問を用いて生徒を題材の「最も面白いところ」とつなぐことで，生徒の自己関連性と好奇心が喚起されます。

(Ch.3-5参照)

(2) 英文を提示し，表現の習得を目指す

次に，本文のリスニング，リーディングを通じて英文の表現と内容を理解する段階に移ります。ここでは必要に応じてヒントを出す，語彙リストの配付や，構文理解の支援などの「足場かけ」を行いつつ，生徒が退屈しないよう，適度な負荷をかけながら音読トレーニングを行います（Ch.4-6, 7参照）。

音読トレーニングでは，「立体構造トランスクリプト」（国井・橋本，2015）という，意味のかたまりを視覚的に提示したものを使い，同時通訳トレーニングの手法を用いて行います。ここでは，ピクチャーカードを用いた「本文のリテリング」ができるようになることをゴールに，個人とペアでの活動を織り交ぜながら，本文中に含まれる表現の習得を目指します。

Engaging Practice のポイント ///

もっと聞きたい・読みたいという気持ちを引き出すために，生徒が「渇き」を感じるようにトレーニングを組み立てるとよいでしょう。（Ch.4-6, 7参照）

(3) 本文中の表現に着眼して掘り下げる

Chapter 5　エンゲージメントを高める授業アイデア　117

リテリングまでできるようになると，生徒たちは英文の内容を理解したと思いがちです。そこで，英文中の特定の箇所に注目し，内容を掘り下げるための発問をします。今回の例では，"Some places have too many people who use a lot of water." に着眼し，「"too many people" とは誰のことか？」と問いかけました。答えに窮する生徒が多い中，続けて「ハンバーガー1つを作るのに必要な水の量は？（正解は約1,000L）」と問いかけ，「仮想水」という考え方について紹介します。ここでの背景知識についての説明は英語では難解なため，必要に応じて日本語で行います。

Engaging Practice のポイント

　一旦理解した感触のある内容について自分の無知を自覚させられると，生徒の心が動き，「もっと知りたい」という知的好奇心が高まります。

(Ch.3-3，Ch.4-2参照)

(4) 調べ学習からプレゼンテーションにつなげる

　生徒の内容理解が深まったところで，本文中の別の箇所に注目するように指示し，それについて自分たちが調べたことを原稿にまとめ，クラスで紹介するためのプレゼンテーションに取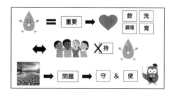
り組みます。3〜4名程度のグループに分け，特定の生徒に負担を集中させず全員が協力することと，言語面だけでなく内容面の素晴らしさも重視することを，評価基準を通じて生徒に示します。

Engaging Practice のポイント

　題材への自己関連性と無知の自覚が駆動力となり，自分で調べて得た発見を共有することは，生徒にとって知的で楽しい経験になります。　　(Ch.3-5参照)

＊ワークシート例（126 words, WHO と UNICEF のウェブサイトをもとに著者作成）

英語　No. 56　Water Shortage

Water is important ↓何にとって重要？
　　　　　　　　　　for life.

We need water ↓何のために必要？
　　　　　　　　　　to drink, wash, cook, and grow food.

However,
　　　only 3% of the world's water is fresh water, ↓そして？
　　　　　　　　　　and we cannot use much of it.

Many people in the world ↓が，どうしたの？
　　　　　　　　　　do not have enough water.

Some places are very dry ↓そして？
　　　　　　　　　　and have little rain.

Some places have too many people ↓どんな人たち？
　　　　　　　　　　who use a lot of water.

Some places have dirty water ↓どんな水？
　　　　　　　　　　that can make people sick.

Water shortage can cause many problems.

People can get thirsty, hungry, and sick.

Animals can die or leave their homes.

We can help save water ↓どうやったら節約できるの？
　　　　　　　　　　by using less water every day.

Water shortage is a big challenge ↓誰にとっての課題？
　　　　　　　　　　for many people in the world.

We need to protect our water ↓そして？
　　　　　　　　　　and use it wisely.

Chapter 5　エンゲージメントを高める授業アイデア　119

| 小学校 | 中学校 | 高校 | 1年（論理・表現Ⅰ） |

7. Let's Design a T-shirt!

話すこと［発表］

1 授業のねらい

　本授業では，生徒がTシャツに用いられるオリジナルの英語ロゴをデザインし，自らがデザインしたロゴについて，「目的・場面・状況」をふまえて英語でプレゼンテーションを行うことができることを目標にしています。対象は高校1年生で，ここで紹介する内容は，英語を苦手とする生徒が多く在籍する，定時制高校で行われた実践に基づいたものです。英語が苦手な高校生の中には，これまでの英語学習での挫折などから，英語学習自体が嫌いになってしまっている生徒も少なくありません。一方で，外国文化や外国人とのコミュニケーションに興味を持ち，英語学習に動機づけられている生徒もいます。

　本授業では，生徒たちが持つ外国への興味などの動機づけに注目して，英語に関する知識やスキルを補うための支援を十分に行いながら，生徒のエンゲージメントを促すことを試みています。英語が苦手な生徒，とりわけ英語が嫌いな生徒のエンゲージメントを促進することは容易なことではありませんが，生徒たちを英語学習に熱中させることができれば，その経験は生徒たちの自信となり，その後の英語学習への強い動機づけになるに違いありません。

2 授業の流れとエンゲージメントを高める実践のポイント

⑴ 英語ロゴ入りTシャツをインターネットで探し，ロゴの意味を調べる

授業の最初に，英語ロゴ入りTシャツの例（可能であれば実物）を複数提示し，それぞれのロゴの意味や，ロゴになる表現の共通点について，教師と生徒で自由に会話します。

　その後生徒に，パソコンやタブレットなどを用いて，通販サイト等にある英語ロゴ入りTシャツの中でお気に入りの商品を探し，Tシャツに書かれている単語や英文の意味を，辞書などを用いて調べます。

Engaging Practice のポイント

　多くの高校生にとって興味関心が高い「ファッション」を題材にし，Authentic Material を提示することで，活動に対する生徒の動機づけを喚起し，行動的エンゲージメントを促進できます。　（Ch.3-3，4，Ch.4-2参照）

(2) Tシャツの英語ロゴの意味や選んだ理由について英語で紹介し合う

　ペアもしくはグループを作り，選んだTシャツのロゴの意味や，そのTシャツを選んだ理由について，あらかじめ準備された定型文に沿って順番に英語で発表します。

　即興で紹介することが難しい場合もあるので，発表原稿を作り，練習の時間を十分にとってから発表します。

Engaging Practice のポイント

　英語が苦手な生徒のエンゲージメントを促進するためには，心理的に安全な学習環境を整えることが不可欠です。準備時間を丁寧につくったり，定形文を用いさせたりする支援を与えることが重要でしょう。　（Ch.2-7，9参照）

(3) Tシャツのオリジナル英語ロゴをデザインする

Microsoft PowerPoint のワードアートの機能などを用いて，オリジナル

のTシャツ用のロゴをデザインします。Tシャツは実際に商品として販売すると仮定して，販売する顧客の層やロゴのアピールポイントなども考えながら作成するようにします。

生徒にゼロから英語のフレーズを考えさせるのは，かなりハードルが高いので，英語のTシャツのロゴにはよく「名言・格言」が使われていることを紹介し，インターネットで英語の名言・格言を見てみることを勧めることは効果的でしょう。

Engaging Practice のポイント

目的・場面・状況を設定した上で，オリジナルの英語ロゴを作成するという，自由度は高いですが，生徒にとっては若干難しいタスクに取り組ませることで，認知的エンゲージメントの促進を試みています。　　　　　（Ch.4-7参照）

(4) デザインしたTシャツのロゴを，生徒同士で互いに英語でアピールする

4～5人のグループを作り，パソコンやタブレット等でデザインしたロゴを互いに紹介します。ロゴを紹介する生徒はTシャツのデザイナー，残りの聞き役の生徒たちは，海外のアパレルショップのバイヤーであるという設定です。すべてのプレゼンテーションが終わったら，どのTシャツが欲しいかを，互いに共有します。なおここでも，定型文に沿って発表原稿を作り，無理なく発表できるようにします。

Engaging Practice のポイント

グループでの発表を通して，社会的エンゲージメントの高まりを期待しています。また，商談が成功するかというゲーム性を取り入れて，生徒が楽しみながら活動できるようにすることで，感情的エンゲージメントの促進を試みています。

（Ch.4-1参照）

＊ワークシート例

Class (　　)　No. (　　)　Name (　　　　　　)

Let's Design a T-shirt!

【GOAL】Tシャツ用の英語ロゴを作成し，英語で紹介する

1．インターネットで英語ロゴが入ったTシャツを探し，気になったロゴを書き写しましょう。辞書などを用いて，ロゴの意味を調べてみましょう。

気になった英語ロゴ	ロゴの意味（日本語訳）

2．グループを作り，上記で選んだロゴを英語で順番に紹介しましょう。

My favorite logo says (①). It means (②) in Japanese.
I chose this logo because I like the (③) of it.

(①)⇒選んだロゴを伝えましょう。
(②)⇒ロゴの意味を日本語で伝えましょう。
(③)⇒ロゴのよい点を英語で伝えましょう。　　【例】design / color など

3．PowerPointでTシャツ用の英語ロゴを作成しましょう。

イメージを描いてみましょう

＊「ワードアート」を活用しましょう。
＊英語の「名言」も参考にしましょう。

4．グループを作り，作成したTシャツについて順番にプレゼンしましょう。
【場面】新作Tシャツの購入検討会議。
【状況】（話し手）Tシャツのデザイナー
　　　　（聞き手）アパレルのバイヤー

This logo says (①) and it means (②) in Japanese.
Your customer must like the (③) of it.

(①)⇒作成したロゴを伝えましょう。
(②)⇒ロゴの意味を日本語で伝えましょう。
(③)⇒ロゴのよい点を英語で伝えましょう。

| 小学校 | 中学校 | **高校** | **3年（英語コミュニケーションⅢ）** |

8. Analyzing Entrance Examinations

読むこと

1 授業のねらい

　本授業では，特定の大学の入試問題の出題傾向を分析した上で，教科書本文を題材にした入試問題に類似する問題を作成し，生徒に大学入試問題の出題傾向を理解させることを目標にしています。

　対象は大学入試に向けた受験勉強に取り組んでいる高校3年生で，ここで紹介する内容は，国公立大学を目指す生徒が多く在籍する進学校で行われた実践に基づいたものです。大学入試センター試験から大学入学共通テストへの移行に伴う出題内容変更に象徴されるように，国公立・私立かかわらず，多くの大学における英語の入試問題では，短答式の知識問題ではなく長文問題が大きなウェイトを占めるようになっています。このような傾向に対応するために，多くの高校3年生の英語授業では長文問題演習が行われていますが，その際に検定教科書ではなく大学入試対策の副教材が用いられることも多いでしょう。

　この背景には，教科書の読解だけでは大学入試に対応することができないのではないか，という漠然とした不安があるのだと思われます。大学入試対策に対する生徒のニーズは高いので，授業で大学入試により対応した教材を用いたいと教師が思うことは当然でしょう。一方で，英語コミュニケーションⅢをはじめとした検定教科書には，読解を通して，生徒が英語力を身につけながら，その内容から多くを学ぶことができるような良質な長文が多く掲載されています。

　このような状況をふまえ，この実践では，生徒のエンゲージメントを高め

ながら，教科書の本文を用いて大学入試の長文問題対策を行うことを試みています。

2 授業の流れとエンゲージメントを高める実践のポイント

(1) 教師が大学入試問題研究と類似問題作成をする

　生徒の志望校を集計したりアンケートをとったりして，授業で扱う入試問題の大学・学部を確定します。その上で，当該学部の過去問数年分を解いて出題傾向を研究しますが，その際は問題文の形式や内容，求められている言語知識や，解答に結びつく本文内の箇所の傾向などに共通点がないかについて確認します。

　上記のような出題傾向が明らかになったら，レッスン全体あるいは複数パートの教科書本文を題材に，当該大学入試問題の類似問題を作成します。各設問の文言や表現は，原則入試問題と同じものになるようにするのが望ましいです。そして，各設問を解くための根拠になる本文中の箇所は，実際の入試問題でも根拠になりそうな箇所で，かつ生徒にあえて読ませたい重要なメッセージが含まれている箇所をなるべく選ぶようにします。

Engaging Practice のポイント

　入試問題の類似問題を作るのは大変ですが，教師が英文を読解し，努力して作問する姿を見せることは，生徒のエンゲージメントに大きく影響するでしょう。

(Ch.2-2, 10参照)

(2) 生徒が個々に大学入試類似問題演習をする

　生徒は教師が作成した大学入試類似問題を個人で演習します。生徒を十分動機づけるために，教師はターゲットにした大学・学部について説明したり，その大学・学部を選定した理由を伝えたりします。

なおこの問題演習は，本番の入試同様，リーディングストラテジーを駆使しながら解答させるために，内容に関する説明を行う前の単元の冒頭で行うことが重要です。本文中に未習語が多く，読解の妨げになる恐れがある場合は，未習語の学習のみ事前に行ったり，未習語のリストを配付したりしてもよいでしょう。

Engaging Practice のポイント

　　生徒が持っている学習動機を意識することは，エンゲージメントを促進する上で非常に重要です。多くの生徒が大学受験に強く動機づけられていることを，授業内容自体に活かすことができるでしょう。　　　　　　　　（Ch.3-1，7参照）

(3) 生徒がグループで協議をし，教師が解説する

　解答について解説を聞く前に，4〜5人のグループを作り，互いの解答について確認します。特に，なぜそのような解答に至ったのかについて，互いに確認するようにします。

　続いて，教師による解説を聞いた後，当該大学・学部の長文問題の出題傾向と対策方法について生徒同士で議論します。例えば，「指示語を問う問題が出題されるため，指示語を意識して読むことが必要」や「英文解釈問題では多くの修飾節が組み込まれた長い文を精読する必要があるため，文の主語（主部）や動詞を意識することが重要」といったことに生徒が気づくことができるよう，教師は適切に支援します。

Engaging Practice のポイント

　　長文問題形式の入試問題を解く際の解法は人それぞれですが，他の生徒の解法が参考になる場合も多いので，助け合いながら受験勉強を行うエンゲージングな雰囲気を普段からつくることが重要でしょう。　　　　　　　　（Ch.2-4参照）

＊ワークシート例

Class （　　） No. （　　） Name （　　　　　　　）

Analyzing Entrance Examinations

Lesson 3：

○○大学経済学部
一般選抜 第2問 類似問題

【GOAL】○○大学の類似問題を演習しながら，Lesson 3の概要を理解する

Read the passage below and answer the questions that follow.

著作権の関係により問題文は省略

Questions

1. Regarding the underline part (A), explain what "visual attention and awareness" is. Answer in Japanese.

2. Explain the reasons for the underlined part (B). Answer in Japanese.

3. Explain the cause for the underlined part (C). Answer in Japanese.

4. Explain the content of the underlined part (D). Answer in Japanese.

おわりに

　われわれ教師がやりがいを感じる瞬間とはどんな時でしょうか。学校行事などで児童生徒の成長を感じる時にはやりがいを感じますが，授業が本業のわれわれにとって，授業中に感じるやりがいには格別なものがあります。例えば授業終了のチャイムがなった瞬間に，「えっ？　もう授業が終わる時間？」「もっとやりたいから時間が欲しい！」という声を聴いた瞬間，児童生徒の熱気や集中力の余韻と心地よい疲労に浸りながら，教師として大きなやりがいを感じるのではないでしょうか。このような児童生徒にとってエンゲージングな授業は，われわれ教師にとってもエンゲージングな授業です。

　本書では，上記のように児童生徒と教師が時間を忘れるような授業を行うための，様々な理論やアイデアを紹介しました。これらの理論やアイデアは，いずれも試行錯誤を経た豊富な実践に基づいており，校種にかかわらず，児童生徒のエンゲージメントの喚起・維持のために役立つものであると自負しています。ただ，エンゲージングな授業をするためには，本書が紹介している理論やアイデアをすべて実践しなければならない，というわけではもちろんありません。外国語学習における動機づけ研究の権威であり，晩年にはエンゲージメントについての研究にも力を入れた心理言語学者の Zoltán Dörnyei 氏は，動機づけを高める35の英語ストラテジーをまとめた著書でこう述べています。

> When you look at all the ideas presented in this book, don't think for a moment that you have to apply all of them to do a decent job. (中略) A few well-chosen strategies that suit both to you and your learners might take you beyond the threshold of the 'good enough motivator', creating an overall positive motivational climate in the classroom. Some of the most motivating teachers often rely on a few basic techniques! (Dörnyei, 2001, p. 136)

本書で紹介している理論やアイデアについてもまさに同様です。それぞれの教室の環境や児童生徒の状況やニーズなど様々な状況をふまえ，自身の児童生徒のエンゲージメント促進に活かすことができる理論やアイデアを選択し，それらを継続的に実践することで，児童生徒，そして教師にとってエンゲージングな授業を実践できると確信しています。

　教師がやりがいを感じる瞬間について前述しましたが，一方で，教師としてのやりがいをなかなか感じられない，という方もいるかもしれません。日々マスコミ等が話題にしているとおり，授業以外の教師の役割は多岐にわたり，長時間労働や大きなストレスを強いられているケースは少なくないため，教師＝困難な仕事というイメージが世の中に定着しつつあります。このような状況では，いくら教師が児童生徒のエンゲージメントを高めようと思っても，教師にその時間的，心理的余裕がなく難しいかもしれません。この点については，様々な施策や知恵を総動員して，至急具体的な形で環境改善が進められるべきです。一方で，このように困難な状況にある先生方のお役にも立てるよう，本書は執筆されました。本書で紹介されている授業アイデアの多くは，長時間の準備や特別なスキルを要するものではありません。「行動的」「認知的」「感情的」「社会的」というエンゲージメントの各観点から，日々の授業に少しの工夫を加えるだけで，授業をよりエンゲージングなものにすることができるというのが，本書が先生方にお伝えしたいことです。

　最後に，本書の企画から編集までお世話になりました，明治図書出版株式会社の木山麻衣子氏に御礼申し上げます。そして本書をお読みいただいた皆様に，改めて御礼申し上げます。本書がお忙しい先生方の授業をよりエンゲージングなものにするための一助となれば，著者一同これ以上の喜びはありません。

2024年8月

小金丸倫隆

引用文献

Asher, J. J. (2009). *Learning another language through actions* (7th ed.). Sky Oaks Productions.

Bjork, E. L., & Bjork, R. A. (2011). Making things hard on yourself, but in a good way: Creating desirable difficulties to enhance learning. In M. A. Gernsbacher, R. W. Pew, L. M. Hough & J. R. Pomerantz (Eds.), *Psychology and the real world: Essays illustrating fundamental contributions to society* (pp. 56-64). Worth Publishers.

Bloom, B. S. (Ed.). (1956). *Taxonomy of educational objectives: The classification of educational goals: Handbook I, Cognitive domain.* Longman.

Bolen, J. (2022). *ESL/EFL teaching practice and methodology: 20 years of experience teaching English in a single book!* Independently published.

Deci, E. L., & Ryan, R. M. (Eds.). (2002). *Handbook of self-determination research.* University of Rochester Press.

Dörnyei, Z. (2001). *Motivational strategies in the language classroom.* Cambridge University Press. (ドルニェイ, Z. (著), 米山朝二・関昭典 (訳) (2005). 『動機づけを高める英語指導ストラテジー35』大修館書店)

Dörnyei, Z., & Ushioda, E. (2010). *Teaching and researching: Motivation* (2nd ed.). Routledge.

Dweck, C. S. (2007). *Mindset: The new psychology of success.* Ballantine Books. (ドゥエック, C. S. (著), 今西康子 (訳) (2016). 『マインドセット:「やればできる!」の研究』草思社)

Edmondson, A. C. (2018). *The fearless organization: Creating psychological safety in the workplace for learning, innovation, and growth.* John Wiley & Sons Inc.

Fredricks, J. A. (2014). *Eight myths of student disengagement: Creating classrooms of deep learning.* Corwin Press.

Gershon, M. (2016). *How to develop growth mindsets in the classroom: The complete guide.* CreateSpace Independent Publishing Platform.

Hattie, J. (2008). *Visible learning: A synthesis of over 800 meta-analyses relating to achievement.* Routledge. (ハッティ, J. (著), 山森光陽 (監訳) (2018). 『教育の効

果：メタ分析による学力に影響を与える要因の効果の可視化』図書文化）

Hattie, J., & Clarke, S. (2018). *Visible learning: Feedback. Routledge.*（ハッティ，J.・クラーク，S.（著），原田信之（監訳）(2023).『教育の効果：フィードバック編』法律文化社）

Hiromori, T. (2021). Anatomizing students' task engagement in pair work in the language classroom. *Journal for the Psychology of Language Learning, 3*(1), 88-106.

Keller, M., Neumann, K., & Fischer, H. E. (2013). Teacher enthusiasm and student learning. In J. Hattie & E. M. Anderman (Eds.), *International guide to student achievement* (pp. 247-249). Routledge.

Krashen, S. D. (1985). *The input hypothesis: Issues and implications.* Addison-Wesley Longman Ltd.

Kunter, M., Klusmann, U., Baumert, J., Richter, D., Voss, T., & Hachfeld, A. (2013). Professional competence of teachers: Effects on instructional quality and student development. *Journal of Educational Psychology, 105*(3), 805–820.

Lam, S.-F., Wong, B. P. H., Yang, H., & Liu, Y. (2012). Understanding student engagement with a contextual model. In S. L. Christenson, A. L. Reschly, & C. Wylie（Eds.), *Handbook of research on student engagement* (pp. 403–419). Springer.

Maltz, M. (2016). *Psycho-cybernetics deluxe edition: The original text of the classic guide to a new life.* TarcherPerigee.

Mercer, S., & Dörnyei, Z. (2020). *Engaging language learners in contemporary classrooms.* Cambridge University Press.（マーサー，S.・ドルニェイ，Z.（著），鈴木章能・和田玲（訳）(2022).『外国語学習者エンゲージメント：主体的学びを引き出す英語授業』アルク）

Reschly, A. L., & Christenson, S. L. (Eds.). (2022). *Handbook of research on student engagement* (2nd ed.). Springer.

Roffey, S. (2011). Introduction to positive relationships: Evidence-based practice across the world. In S. Roffey (Ed.), *Positive relationships: Evidence based practice across the world* (pp. 1-15). Springer Science + Business Media.

Scrivener, J. (2012). *Classroom management techniques.* Cambridge University

Press.

Shernoff, D. J. (2013). *Optimal learning environments to promote student engagement*. Springer.

Skinner, E. A., Kindermann, T. A., Connell, J. P., & Wellborn, J. G. (2009). Engagement and disaffection as organizational constructs in the dynamics of motivational development. In K. R. Wentzel & A. Wigfield (Eds.), *Handbook of motivation at school* (pp. 223-245). Routledge.

Storch, N. (2002). Patterns of interaction in ESL pair work. *Language Learning, 52* (1), 119-158.

Swain, M. (1985). Communicative competence: Some roles of comprehensible input and comprehensible output in its development. In S. Gass & C. Madden (Eds.), *Input in second language acquisition* (pp. 235-253). Newbury House.

Sweller, J., Ayres, P., & Kalyuga, S. (2011). *Cognitive load theory*. Springer.

Tu, X. (2021). The role of classroom culture and psychological safety in EFL students' engagement. *Frontiers in Psychology*, 12:760903. https://doi.org/10.3389/fpsyg.2021.760903

Tulis, M. (2013). Error management behavior in classrooms: Teachers' response to student mistakes. *Teaching and Teacher Education, 33*, 56-68.

Vygotsky, L. S. (1978). *Mind in society: The development of higher psychological processes*. Harvard University Press.

Wong, Z. Y., Liem, G. A. D., Chan, M., & Datu, J. A. D. (2024). Student engagement and its association with academic achievement and subjective well-being: A systematic review and meta-analysis. *Journal of Educational Psychology, 116*(1), 48-75.

泉惠美子・アレン玉井光江・田縁眞弓・長沼君主・黒川愛子・大田亜紀・加藤拓由・森本敦子・倉田伸・バトラー後藤裕子 (2023).『デジタル時代における小学校英語 Can-Do 評価尺度活用マニュアル：教育の DX を志向した指導・学習・評価に向けて』小学校英語評価研究会.

胡子美由紀 (2023).「生徒の学ぶ力を引き出す学習者エンゲージメント」『英語教育 2 月号 (p. 32)』大修館書店.

国井信一・橋本敬子 (2015).『究極の英語学習法：はじめての K/H システム　準備編』

アルク .

国立教育政策研究所 (2020).『「指導と評価の一体化」のための学習評価に関する参考資料　中学校　外国語』https://www.nier.go.jp/kaihatsu/shidousiryou.html

JACET 教育問題研究会 (2012).『新しい時代の英語科教育の基礎と実践：成長する英語教師を目指して』三修社 .

東京大学社会科学研究所・ベネッセ教育総合研究所（編）. (2024).『パネル調査にみる子どもの成長：学びの変化・コロナ禍の影響』勁草書房 .

中嶋洋一 (2023).『英語教師の授業デザイン力を高める 3 つの力：読解力・要約力・編集力』大修館書店 .

林日出男 (2012).『動機づけ視点で見る日本人の英語学習：内発的・外発的動機づけを軸に』金星堂 .

速水敏彦 (1995).「外発と内発の間に位置する達成動機づけ」『心理学評論』38(2),171-193.

広島県教育委員会 (2023).「第 1 章『学びの改革』の推進：広島県の目指す『学びの変革』」『広島県教育資料』
https://www.pref.hiroshima.lg.jp/uploaded/attachment/540247.pdf

廣森友人 (2023).『改訂版　英語学習のメカニズム：第二言語習得研究にもとづく効果的な勉強法』大修館書店 .

村野井仁 (2006).『第二言語習得研究から見た効果的な英語学習法・指導法』大修館書店 .

安木真一・胡子美由紀 (2023).『スローラーナーを取り残さない英語のつまずき「超」指導法』明治図書 .

山内真理 (2017).「Kahoot! による学生参加の促進：ゲーム要素による学習態度の変容」『コンピュータ＆エデュケーション』43, 18-23.

山田誠志 (2018).『自分の本当の気持ちを「考えながら話す」小学校英語授業：使いながら身に付ける英語教育の実現』日本標準 .

山本崇雄 (2017).『「教えない授業」から生まれた英語教科書 魔法のレシピ：アクティブ・ラーニングかんたんガイド』三省堂 .

和田玲 (2014).「生徒の心が結び合う英語教育の可能性：僕の授業作りと一つの実践例」柳瀬陽介・組田幸一郎・奥住桂（編）『英語教師は楽しい：迷い始めたあなたのための教師の語り (pp. 9-16)』ひつじ書房 .

【著者紹介】（執筆順，＊は執筆箇所）

俣野　知里　京都市立二条城北小学校
＊Chapter 2（1，2），3（1-3），4（1，2），5（1，2）

胡子美由紀　広島市立美鈴が丘中学校
＊Chapter 2（3-5），3（4），4（3-5），5（3，4）

髙木　俊輔　聖光学院中学校高等学校
＊Chapter 2（6-8），3（5，6），4（6-8），5（5，6）

【編著者紹介】（執筆順，＊は執筆箇所）

廣森　友人（ひろもり　ともひと）
明治大学国際日本学部教授。北海道滝川市出身。北海道大学大学院博士後期課程修了。博士（国際広報メディア）。専門は英語教育学，心理言語学，第二言語習得研究。著書に『改訂版 英語学習のメカニズム：第二言語習得研究にもとづく効果的な勉強法』（2023，単著），『英語教育論文執筆ガイドブック：ジャーナル掲載に向けたコツとヒント』（2020，編著），『「学ぶ・教える・考える」ための実践的英語科教育法』（2018，編著）（いずれも大修館書店）などがある。論文は国内外のジャーナルに多数掲載。
＊Chapter 1

小金丸　倫隆（こがねまる　みちたか）
神奈川県立大磯高等学校総括教諭。神奈川県横浜市出身。テンプル大学大学院修士課程修了（TESOL）。主な著書に高等学校検定教科書『NEW ONE WORLD Communication Ⅰ・Ⅱ・Ⅲ Revised Edition』（教育出版・共著）および『Amity English Communication Ⅰ・Ⅱ』『APPLAUSE ENGLISH COMMUNICATION Ⅰ・Ⅱ・Ⅲ』（開隆堂出版・共著）。文部科学省認証英語教育推進リーダー。神奈川県教育委員会優秀授業実践教員表彰（2008・2021），文部科学大臣表彰（2022）。
＊Chapter 2（9，10），3（7-10），4（9，10），5（7，8）

エンゲージメント×英語授業
「やる気」と「意欲」を引き出す授業のつくり方

2024年9月初版第1刷刊	ⓒ編著者 廣森友人・小金丸倫隆
	著　者　俣野知里・胡子美由紀・髙木俊輔
	発行者　藤　原　光　政
	発行所　明治図書出版株式会社
	http://www.meijitosho.co.jp
	（企画）木山麻衣子（校正）丹治梨奈
	〒114-0023　東京都北区滝野川7-46-1
	振替00160-5-151318　電話03(5907)6702
	ご注文窓口　電話03(5907)6668
＊検印省略	組版所　株式会社木元省美堂

本書の無断コピーは，著作権・出版権にふれます。ご注意ください。

Printed in Japan　　ISBN978-4-18-214333-5
もれなくクーポンがもらえる！読者アンケートはこちらから→

英語授業の「個別最適な学び」と「協働的な学び」
小・中学校の授業アイデア 36

菅 正隆 編著

「個別最適な学び」「協働的な学び」を一体的に実現する小学校外国語活動・外国語科と中学校外国語科の授業づくりの詳しい解説と、5領域と技能統合に分けた 36 もの具体的な事例を収録。指導の個別化、学習の個性化を踏まえた子供主体の英語授業づくりがわかります。

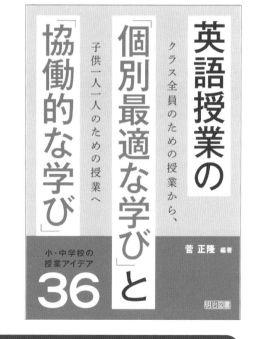

A5判/136ページ/2,046円(10%税込)/図書番号 3524

明治図書　携帯・スマートフォンからは　明治図書 ONLINEへ　書籍の検索、注文ができます。
http://www.meijitosho.co.jp　＊併記4桁の図書番号（英数字）で、HP、携帯での検索・注文が簡単に行えます。
〒114-0023　東京都北区滝野川7-46-1　ご注文窓口　TEL 03-5907-6668　FAX 050-3156-2790